HERDER / SPEKTRUM *MEISTERDENKER*

HERDER / SPEKTRUM
Band 4760

Das Buch

Seine Theorie der Evolution wurde von streng religiösen Kreisen aufs entschiedenste bekämpft („Der Mensch stammt nicht vom Affen ab“) und von sozialdarwinistischen Denkern als „Kampf ums Dasein“ und „Auslese der Besten“ mißbraucht. Dennoch hat Charles Darwin (1809–1882) mit seiner *Entstehung der Arten* sowie der *Abstammung des Menschen* schon zu Lebzeiten weltweiten Erfolg gehabt und das Bild des Menschen von sich selbst, von der Weltordnung und vom Leben revolutioniert. In seiner dritten Hauptschrift, *Der Ausdruck der Gefühle bei Mensch und Tier,* hat er außerdem die Dimension des Psychischen auf völlig neue Weise erklärt. Vittorio Hösle und Christian Illies führen ein in das Leben und Werk des vielseitigen Forschers und scharfen Beobachters, der fast fünf Jahre lang um die Welt gesegelt war und zwei Jahrzehnte wartete, bevor er seine Theorie veröffentlichte, die auch heute noch der Philosophie immer noch nicht ganz verstandene Impulse zu geben vermag.

Die Autoren

Vittorio Hösle ist Professor für Philosophie an den Universitäten Essen und Notre Dame, Indiana, sowie Direktor am Forschungsinstitut für Philosophie in Hannover. Er ist Autor zahlreicher Bücher, u. a. über Fragen der Ethik und Politischen Philosophie, über Hegel und antike Philosophie sowie des *Café der toten Philosophen. Ein philosophischer Briefwechsel für Kinder und Erwachsene.*

Christian Illies ist Diplombiologe sowie promovierter Philosoph. Er lehrt Philosophie an der Universität Essen. Eines seiner Spezialgebiete ist die Philosophie der Biologie.

Vittorio Hösle / Christian Illies

Darwin

Herder
Freiburg · Basel · Wien

Gedruckt auf umweltfreundlichem,
chlorfrei gebleichtem Papier

Originalausgabe

Lektorat: Lukas Trabert
Satz: DTP-Studio Helmut Quilitz, Denzlingen
Druck und Bindung: Freiburger Graphische Betriebe 1999
Umschlaggestaltung: Joseph Pölzelbauer
Umschlagmotiv: Photographie von Julia Cameron, 1869,
National Portrait Gallery, London.
ISBN 3-451-04760-8

Inhalt

Vorwort

Der Reiz, den das Werk und die Persönlichkeit Darwins schon zu seinen Lebzeiten auf seine Zeitgenossen, aber auch 140 Jahren nach dem Erscheinen seines Hauptwerks auf die Nachwelt ausüben, wie die große Zahl der in den letzten Jahren erschienenen umfangreichen und bedeutenden Biographien Darwins belegt, hat mehrere Ursachen. Selbstverständlich ist an erster Stelle die radikal neue und gleichzeitig extrem folgenreiche, in unserem Jahrhundert immer glänzender bestätigte biologische Theorie zu nennen, die sich mit Darwins Namen verbindet und schon früh zur Prägung des Begriffs „Darwinismus" geführt hat – eine Ehre, die nur wenigen Wissenschaftlern zuteil wurde und die es erlaubt, seinen Namen in einem Atemzug mit den Größten der Naturwissenschaft, Archimedes, Newton und Einstein, zu nennen. Gleichzeitig sind zweitens Darwins Werke in einem Maße dem gebildeten Laien zugänglich, das nur für ganz wenige Klassiker der Wissenschaftsgeschichte gilt – neben Darwins fallen einem nur einige der Schriften Galileis ein. Das hängt sicher auch damit zusammen, daß Darwin nicht mit mathematischer Intelligenz begabt war und seine Schriften daher ohne Formeln auskommen müssen (was ihn nicht daran hinderte, ein in höchstem Maße innovativer Geologe, Zoologe und Botaniker zu sein, vielleicht aber die Tatsache mit erklärt, daß er Mendels Entdeckungen ignorierte); aber neben diesem Mangel ergibt sich die allgemeine Zugänglichkeit seines Œeuvres auch aus dem positiven Sachverhalt, daß Darwin ein brillanter Stilist war, der äußert sorgfältig an seinen Büchern feilte. Nur wenige intellektuelle Neuerer haben eine bessere wissenschaftliche Prosa geschrieben als Darwin, in dessen Büchern die Präzision der theoretischen Argumentation, die Fülle der Beispiele und die von einer Begeisterung für die Schönheit der lebenden Natur getragene Anschaulichkeit der Sprache sich gegenseitig stützen. Kein Schreibtisch- oder Laborgeruch, sondern der Duft der weiten Welt geht von diesen Werken aus, deren Entdeckungen ihre Grundlage in einer fünfjährigen Weltreise und in Beobachtungen haben, von denen viele lebensweltlich – im Zoo oder in der Kinderstube – nachvollziehbar sind. Ja, die hier behandelten Bücher Darwins sind auch insofern eine Ausnahme unter den Klassikern der Wissenschaftsgeschichte, als sie in einem viel geringeren Maße als die anderen überholt, ja ähnlich zeitlos sind wie die Klassiker der Philosophiegeschichte – aufgrund ihrer umfassenden Perspektiven ist ihre Lektüre auch denjenigen, die mit den modernen Lehrbüchern vertraut sind, dringend zu empfehlen.

In der Tat hat Darwin drittens sehr früh begriffen, daß seine neue Theorie auch das Selbstverständnis des Menschen revolutionieren würde – seine Einsichten in die Psyche, das Verhalten und die Institutionen des Menschen sind ähnlich bedeutsam wie diejenigen Freuds. Es ist – wie wir zeigen werden – möglich, seine Theorie über den biologischen Kontext hinaus zu verallgemeinern; insofern verdient Darwin auch einen Platz unter den großen Philosophen, ja Metaphysikern: Er hat einige wichtige Einsichten über die Struktur des Seienden errungen, die weit über die Biologie hinausreichen, und auch zwei seiner rein biologischen Leistungen, die Revolutionierung des Artbegriffs und die Rückführung von Zweckursachen auf Wirkursachen, haben massive metaphysische Implikationen. Gleichzeitig ist Darwin – obgleich der Darwinismus einen viel tieferen Bruch im menschlichen Weltbild bedeutete als etwa der gleichzeitige Marxismus, der nur die evolutionistische, aber nicht die antiteleologische Pointe des Darwinismus dankbar aufgriff – in seinem öffentlichen Auftreten alles andere als ein aggressiver Ideologe gewesen: Die Kämpfe um die soziale Durchsetzung seiner Theorie hat er anderen überlassen, ja Jahrzehnte lang sogar gezögert, seine Theorie zu veröffentlichen, weil der „stille Revolutionär“ (so der Titel der Monographie von F. Wuketits) die Auseinandersetzungen scheute, die dies nach sich ziehen mußte. Wer sich über die Autobiographie und die Briefe Darwin nähert, begegnet – und das ist der vierte Grund, warum die Beschäftigung mit ihm so erfreulich ist – einem britischen Gentleman, bei dem die ausgesuchtesten äußeren Formen in einem Persönlichkeitskern wurzeln, in dem die vorurteilsfreie intellektuelle Neugierde eines großen Geistes und die reine Güte eines bewundernswert einfach gebauten Menschen eine bezaubernde Mischung eingegangen sind: Wenige große Denker sind auch als Gatte, Vater, Freund und wissenschaftlicher Kollege vergleichbar vorbildlich gewesen.

Nur einer der beiden Verfasser dieser Monographie hat ein Biologiestudium abgeschlossen; hauptberuflich sind beide Philosophen. Daher konzentriert sich dieses Buch (anders als die vom Umfang her ähnliche Monographie des Biologen Jonathan Howard) auf diejenigen Werke und Thesen Darwins, die auch für die Philosophie bedeutsam sind. Neben seiner Autobiographie wird nur die Trilogie seiner theoretisch wichtigen Bücher genauer analysiert: *Über die Entstehung der Arten durch natürliche Zuchtwahl, Die Abstammung des Menschen* und *Der Ausdruck der Gefühle bei Mensch und Tier.* Für zahlreiche Anregungen danken wir den Biologiephilosophen und -historikern Jean Gayon (Paris), Phillip Reid Sloan (Notre Dame) und Marcel Weber (Hannover), dem Wissenschaftsphilosophen Paul Hoyningen-Huene (ebenfalls Hannover) sowie dem Physiker und Philosophen Dietrich Koch (Essen).

Die Gedanken zu diesem Buch sind während einer Arbeitsgruppe über die Klassiker der Philosophie der Biologie gereift, die sich ein Jahr lang am Forschungsinstitut für Philosophie Hannover traf. Dem Stifter dieses Instituts, Bischof Josef Homeyer, ist dieses Buch in dankbarer Hochschätzung gewidmet.

Darwins Werke / Siglen:

Zitiert wurde in der Regel nach der zur Zeit erschwinglichsten Ausgabe, die „Origin of species“ mit Rücksicht auf die Unterschiede der Auflagen aus der kritischen Gesamtausgabe. Die Übersetzungen ins Deutsche stammen von den Verfassern. Vorangestellt ist jeweils die im Text verwendete Abkürzung.

A
The autobiography of Charles Darwin, herausgegeben von Nora Barlow, New York 1993.

B
Notebook B in: *Charles Darwin's Notebooks*, 1836–1844, Ithaca, N.Y. 1987.

C
Notebook B in: *Charles Darwin's Notebooks*, 1836–1844, Ithaca, N.Y. 1987.

D
The descent of man and selection in relation to sex, Princeton 1981
(dt.: *Die Abstammung des Menschen*, Wiesbaden 1996).

D′
Notebook D in: *Charles Darwin's Notebooks*, 1836–1844, Ithaca, N.Y. 1987.

DV
Diary of the voyage of H.M.S. Beagle (The works of Charles Darwin, Vol. 1), London 1986.

E
The expression of the emotions in man and animals, Chicago / London 1965.

M
Notebook M in: *Charles Darwin's Notebooks, 1836–1844*, Ithaca, N.Y. 1987.

N
Notebook N in: *Charles Darwin's Notebooks, 1836–1844*, Ithaca, N.Y. 1987.

Die besonders wichtigen Notizhefte M und N liegen neuerdings auch in einer ausgezeichneten deutschen Ausgabe (*Charles Darwin. Sind Affen Rechtshänder?*, übersetzt und herausgegeben von H. Ritter, Berlin 1998) vor.

NV
A naturalist's voyage. Journal of researches into the Natural History and Geology of the countries visited during the voyage of H. M. S. Beagle round the world, London ^{2}1889. (Es wurde aus dieser Ausgabe zitiert, da in der kritischen Ausgabe nur die erste Auflage des *Journal* vorliegt.)

OS 1859
The origin of species by means of natural selection, or the preservation of favoured races in the struggle for life. (First Edition) 1859 (*The works of Charles Darwin Vol. 15*, London 1988).

OS 1876
The origin of species by means of natural selection, or the preservation of favoured races in the struggle for life. (Sixth Edition) 1876 (*The works of Charles Darwin Vol. 16*, London 1988).
(dt.: *Die Entstehung der Arten durch natürliche Zuchtwahl*, Stuttgart: Reclam o.J.).

OUN
„Old and Useless Notes", in: *Charles Darwin's Notebooks, 1836–1844*, Ithaca, N.Y. 1987

VAP
Variation of animals and plants und domestication (*The works of Charles Darwin Vol. 19*, London 1988).

Die Briefe Darwins erscheinen seit 1985 in Cambridge, die Reihe ist noch nicht abgeschlossen (bisher 10 Bde.). Eine erschwingliche und sehr schöne Auswahl der wichtigsten Briefe von 1825–1859, die zugleich einen Einblick in das Entstehen seiner Gedanken gibt und seine beeindruckende Persönlichkeit deutlich macht, ist:
Charles Darwin's Letters. A selection 1825–1859, herausgegeben von F. Burkhardt, Cambridge 1996.

1. Darwins geistiger Werdegang

1.1. Der Hintergrund

Über nur wenige Menschen des 19. Jahrhunderts sind wir besser informiert als über Darwin; nur bei wenigen Theorien können wir die allmähliche Entwicklung ähnlich genau verfolgen wie bei der Darwinschen. Nicht nur füllen Darwins erstaunlich vielseitige und zahlreiche, oft sehr umfangreiche Veröffentlichungen viele Bände, sondern es sind auch die meisten seiner wissenschaftlichen Notizen erhalten geblieben, die (noch nicht abgeschlossene) Gesamtausgabe seiner Korrespondenz wird fast 14 000 Briefe von ihm und an ihn enthalten. Schließlich verfaßte Darwin selbst 1876 eine (bis 1881 ergänzte) nur für den Familiengebrauch vorgesehene Autobiographie, die einen Platz unter den großen Autobiographien bedeutender Denker durchaus verdient, auch wenn oder besser: gerade weil sie weitaus weniger Selbststilisierungen enthält als andere, literarisch anspruchsvollere Selbstzeugnisse. Darwins unbestechliche Beobachtungsgabe, die z. B. in der kindlichen Mißhandlung eines Welpen einen Ausdruck seines eigenen Machtwillens erkennt, hat er auch sich selbst gegenüber einsetzen können. Dieser Text ist übrigens erst 1958 von Darwins Enkelin Nora Barlow vollständig veröffentlicht worden; in den früheren Ausgaben seit 1887 waren aufgrund von Rücksichten auf damalige Empfindlichkeiten mehrere Abschnitte weggelassen worden.

Daß soviel Informationen über Darwins Leben und geistigen Werdegang erhalten sind, hängt nicht nur mit der Tatsache zusammen, daß Darwin schon zu Lebzeiten zur Legende wurde; es hat auch damit zu tun, daß Darwin einer der besten englischen Familien entstammte. Sein Großvater Erasmus (1731–1802) – der über seine zweite Frau auch der Großvater Francis Galtons wurde, der sicher eines der vielseitigsten wissenschaftlichen Genies des viktorianischen Zeitalters war und bezeichnenderweise über die Bedeutung von Vererbung wichtige Entdeckungen gemacht hat – war nicht nur einer der erfolgreichsten englischen Ärzte des 18. Jahrhunderts: König Georg III. bot ihm, freilich vergeblich, an, sein Leibarzt zu werden. Erasmus Darwin war auch ein bedeutender, international angesehener, mit Wissenschaftlern und Gelehrten wie J. Priestley, J. Watt, S. Johnson und J.-J. Rousseau persönlich bekannter Biologie und Verfasser von Lehrgedichten (Schelling etwa erwähnt ihn in seiner *Philosophie der Kunst* von 1802/03). In seinem Werk *Zoonomia, or the laws of organic life* (von 1794–96) vertrat er die These, die einzelnen Arten hätten sich auseinander entwickelt. Darwin stand mit dieser Vermutung nicht allein – schon vor ihm hatte Georges-Louis Leclerc de Buffon diese These vertreten, und gleichzeitig mit Erasmus Darwin begann Étienne Geoffroy Saint-Hilaire transformistische Ideen zu entwickeln, die er allerdings erst viel später veröffentlichte (seine berühmte Kontroverse mit Georges Cuvier fesselte den alten Goethe). Insbesondere ist es freilich Jean-Baptiste de Monet de Lamarck, der 1809 in der *Philosophie zoologique* eine ausgearbeitete Theorie der Evolution vorlegte. Allerdings war seine Theorie rein spekulativ und gründete auf Annahmen, die mit der experimentellen Wissenschaft seiner Zeit teilweise schon in Widerspruch standen, weswegen sie sich nicht durchsetzen konnte – wir werden noch näher auf sie eingehen. Lamarcks und Erasmus Darwins Denkstil wich beträchtlich ab von dem wissenschaftlichen Ideal Charles Darwins, in dem Präzision und Ausweisbarkeit wissenschaftlicher Thesen eine zentrale Rolle spielen sollten – S. T. Coleridge prägte das Wort „darwinising", um wilde wissenschaftliche Spekulationen nach Art Erasmus Darwins zu geißeln. Es kann daher nicht überraschen, daß trotz der familiären Beziehung der Einfluß Erasmus Darwins auf seinen erst nach seinem Tode geborenen Enkel insgesamt gering gewesen ist (auch wenn dieser zur englischen Übersetzung von Ernst Krauses Erasmus-Darwin-Biographie 1879 aufgrund von Material, das sich in seinem Besitz befand, eine Skizze über seinen Großvater beifügte). In seiner Autobiographie schreibt Charles, er habe die *Zoonomia* schon früh gelesen, aber sie habe keine Wirkung auf ihn ausgeübt, ja, bei einer wiederholten Lektüre nach zehn oder fünfzehn Jahren habe ihn das Werk wegen des Mißverhältnisses zwischen der weitgehenden Spekulation und den wenigen Fakten stark enttäuscht. Dennoch räumt der Enkel ein, die frühe Vertrautheit mit einer evolutionistischen Theorie könne seine späteren Arbeiten beeinflußt haben – freilich betont er mit Nachdruck, seine inhaltlich ähnliche Theorie habe eine unterschiedliche *Form*.

Erasmus Darwin war freundschaftlich verbunden mit Josiah Wedgwood (1730–1795), dem berühmten Keramiker und Gründer der Etruriawerke, die Steinzeug, u. a. Jasperware, in einem vorzüglichen, in ganz Europa, auch an den Höfen, nachgefragten klassizistischen Stil herstellten und insbesondere die Reliefkunst in der Töpferei nachhaltig prägten. Politisch waren beide Liberale, in ihrem religiösen Glauben Unitarier. Josiahs Tochter Susannah (1765–1817) war mit Erasmus' Sohn Robert Waring (1766–1848) von Kindesbeinen an befreundet, und ihre Heirat 1796 war nichts Überraschendes. Auch wenn Charles seine Mutter achtjährig verlor, blieb er doch ihrer sehr vermögenden Familie sein Leben lang verbunden – im Hause seines Onkels Josiah Wedgwood II. verbrachte er viel Zeit und heiratete dessen Tochter Emma, nachdem seine Schwester Caroline sich mit dessen Sohn Josiah III. vermählt hatte (letztere wurden die Großeltern des bekannten Komponisten Ralph Vaughan Williams); Charles' Schwester Catherine heiratete schließlich den Witwer einer weiteren Tochter Josiahs II. Die Familien der Darwins und der Wedgwoods blieben also auch in der nächsten Generation eng verwoben, und die Verbindung von wissenschaftlichem Interesse und wirtschaftlicher Unabhängigkeit schuf einen idealen Hintergrund für Charles' Entwicklung.

Ohne Zweifel hat Darwins Vater einen bestimmenden Einfluß auf seinen Sohn ausgeübt. Robert war zwar kein wissenschaftlicher Kopf, aber doch eine bedeutende (und sicher nicht einfache) Persönlichkeit, die Anlaß zu manchen psychoanalytischen Spekulationen über das Vater-Sohn-Verhältnis gegeben hat. Nicht nur war Robert ein fähiger und geschäftstüchtiger Arzt; seine Menschenkenntnis und Beobachtungsgabe haben Charles ebenso beeindruckt wie sein religiöser Skeptizismus. Charles wurde als das fünfte seiner sechs Kinder am 12. Februar 1809 in Shrewsbury geboren. Es spricht einiges dafür, daß Darwins Konfliktscheu mit seiner Stellung innerhalb der Geschwisterreihe zu tun hat – ein erstes Kind wäre wohl kein „stiller Revolutionär" geworden. Nach dem Tode seiner Mutter übernahmen seine älteren Schwestern seine Erziehung; sie vermittelten ihm u. a. traditionelle religiöse Überzeugungen. Ein Interesse am Sammeln von Naturgegenständen, etwa von Insekten, und am Jagen von Vögeln war schon beim jungen Charles stark ausgeprägt; zusammen mit seinem älteren Bruder Erasmus, später einem ausgesprochenen religiösen Freigeist, widmete er sich nach der Schule, deren humanistische Ausrichtung er als qualvoll empfand, chemischen Experimenten. 1825 schickte ihn sein Vater, der ihm einmal zornig vorwarf, er werde sich und der ganzen Familie zur Schande gereichen, zum Medizinstudium nach Edinburgh, wo sein eigener Vater Erasmus, er selbst und Charles' älterer Bruder studiert hatten. Aber nach zwei Jahren mußte sich Robert damit abfinden, daß Charles nicht die Persönlichkeit hatte, den Beruf des Vaters und des Großvaters zu ergreifen. Die Anatomievorlesungen ekelten ihn, er rannte zweimal aus Sälen heraus, in denen Operationen an – „vor den gesegneten Tagen des Chloroforms" (A 48) – nicht anästhetisierten Patienten stattfanden, und weigerte sich, noch einmal dort zu erscheinen. Dennoch war die Zeit in Edinburgh keine verlorene Zeit – Darwin freundete sich mit Naturwissenschaftlern an (u. a. dem Lamarckisten Robert Grant) und wurde Mitglied der Plinian Society, in der er zwei naturgeschichtliche Abhandlungen über Beobachtungen an mariner Fauna vortrug. Offenbar wurden in dieser Gesellschaft auch radikale materialistische Thesen diskutiert – das Protokoll über einen derartigen Vortrag wurde allerdings später Zeile für Zeile durchgestrichen. Neben dem Erwerb mancher biologischer Kenntnisse begann sich Darwin in Edinburgh für Geologie zu interessieren. Dennoch ist es bezeichnend für die Bescheidenheit, ja mangelnde Selbstsicherheit des jungen Darwin, daß er, als er an einer Sitzung der Royal Society of Edinburgh unter ihrem Präsidenten Walter Scott teilnahm, nicht im mindesten daran dachte, er selber könne einst Mitglied werden; hätte ihm jemand seine später in der Tat erfolgte Aufnahme vorhergesagt, schreibt er in der Autobiographie, wäre ihm das damals genauso lächerlich vorgekommen wie die Aussage, er würde zum englischen König gewählt werden.

1827 erklärte Robert seinem Sohn, er wolle nicht, daß dieser zu einem vermögenden Dandy werde, sondern verlange, daß er einen ernsthaften Beruf ergreife. Wenn er nicht zum Arzt berufen sei, solle er wenigstens anglikanischer Geistlicher werden. Zwar war Charles damals nicht sicher, daß er alle Dogmen der Church of England wirklich anerkenne (sein Vater, wußte er, akzeptierte kaum eines), aber nach der Lektüre einschlägiger orthodoxer Schriften hielt er sich für von der Wahrheit des Credos überzeugt, zumal er damals noch an die wörtliche Wahrheit jedes Satzes der Bibel glaubte. Und zudem zog ihn der Beruf des Landgeistlichen an. Man muß in der Tat zugestehen, daß Roberts Menschenkenntnis ihn nicht trog – von der Persönlichkeitsstruktur hätte Charles den idealen Landpfarrer abgegeben (seine spätere Existenz in Down weist ja auch gewisse Ähnlichkeiten mit solch einer Lebensform auf). Freilich entbehrt es nicht der Ironie, daß der Mann, der mehr noch als Galilei das tradierte christliche Weltbild erschütterte, seiner einzigen abgeschlossenen Ausbildung nach ein Theologe war. Es fiel Charles nicht leicht, bei einem Privatlehrer sein Schulgriechisch aufzufrischen, und daher traf er erst Anfang 1828 in Cambridge ein. Immerhin schaffte er es drei Jahre später dank des gründlichen Studiums der moral- und religionsphilosophischen Schriften William

Paleys, in denen der physikotheologische Gottesbeweis eine große Rolle spielte, also die wunderbare Ordnung der Natur, insbesondere der organischen, die Existenz Gottes beweisen sollte, sowie der intensiven Beschäftigung mit John Locke und Euklid (Geometrie fiel ihm leichter als Algebra), die Abschlußexamina für den Bachelor of Arts als zehnter von 178 Studenten zu bestehen. Aber auch wenn er selbst später die den akademischen Studien gewidmete Zeit in Cambridge ebenso wie diejenige in Edinburgh als verschwendet bezeichnete, prägten ihn die drei Jahre dort tief. Er begann sich für Musik und bildende Kunst zu interessieren, auch wenn er nicht eigentlich musisch begabt war – die Freude an den Künsten, selbst seine jugendliche Begeisterung für Shakespeare und Milton, verließen ihn jedoch im Alter, und es blieb ihm auf ästhetischem Felde am Ende nur die Liebe zu Romanen, die ihm seine Frau abends vorlas. Allerdings muß man präzisieren: auf kunstästhetischem Felde; denn Darwins Begeisterungsfähigkeit für die Schönheiten der Natur, insbesondere der Organismen, ist eine Konstante seines Lebens und trägt sicher zu dem Vergnügen bei, das die Leser seiner Werke empfinden. In der großzügigen Verwendung lobender Prädikate besteht einer der Hauptunterschiede zwischen Darwin und dem späteren Neodarwinismus, und es spricht einiges dafür, daß Darwin in dieser Zeit von naturpantheistischen Theorien angezogen war – er entdeckte Alexander von Humboldt, dessen Bericht über seine Reise in die Äquinoktialgegenden des Neuen Kontinents ihn auf der „Beagle“ begleitete und dem er später in London persönlich begegnete. Humboldts Buch entzündete neben *A preliminary discourse on the study of natural philosophy* von John Frederick William Herschel, den er 1836 in seiner Villa am Kap der Guten Hoffnung besuchte, zum ersten Mal in Darwin wissenschaftlichen Ehrgeiz. Ja, bevor er die Einladung auf die „Beagle“ erhielt, hatte sich Darwin schon vorgenommen, auf den Spuren Humboldts zu den Kanarischen Inseln zu reisen, und – trotz geringer Sprachbegabung – damit begonnen, Spanisch zu lernen. Herschels Wissenschaftsphilosophie übte wegen ihres Beharrens auf allgemeinen Gesetzen als dem eigentlichen Gegenstand der naturwissenschaftlichen Forschung einen bleibenden Einfluß auf Darwin aus, der in Cambridge auch William Whewell, dem anderen großen britischen Wissenschaftsphilosophen seiner Zeit, begegnete.

Gleichzeitig begann Darwin in Cambridge, sich gründlicher mit Naturwissenschaften zu beschäftigen – aus dieser Zeit stammen seine ersten entomologischen Entdeckungen, anfangs unter der Anleitung seines weitläufigen Vetters William Darwin Fox, der bald darauf Landpfarrer wurde. Mit dem Geistlichen und Botanikprofessor John Stevens Henslow verbrachte er am meisten Zeit. Neben seinem umfassenden Wissen bewunderte Darwin auch seine ermutigende Art im Umgang mit dem unsicheren Anfänger: Als ihm Darwin einmal aufgeregt eine eigene „Entdeckung" mitteilte, erkannte Henslow zunächst einmal mit ihm die Bedeutung des Phänomens an, bevor er ihm zu verstehen gab, daß es seit langem bekannt und verstanden sei. Mit dem berühmten Geologen Adam Sedgwick, ebenfalls einem Geistlichen, nahm Darwin an einer Exkursion nach Wales teil, die ihn profund in jene Disziplin einführte, in der er zunächst berühmt werden sollte – man kann sagen, daß diese Exkursion die einzige intensive Ausbildung in der Geologie war, die er je genoß. Bei der Rückkehr von dieser Exkursion Ende August 1831 fand Darwin in Shrewsbury zwei Briefe – u. a. einen Henslows – vor, die ihm mitteilten, Kapitän Robert FitzRoy sei willens, einen Teil seiner Kabine einem jungen Naturwissenschaftler anzubieten, der auf seine eigenen Kosten an der Weltumseglung auf dem Schiff „Beagle" teilnehmen wolle. Die Hauptaufgabe der Reise war es, Südamerika genauer zu kartographieren. Darwin wollte sofort zusagen, aber sein Vater widersetzte sich, u. a. weil eine solche Reise dem Ruf eines Geistlichen abträglich sei, und der 22jährige mußte zunächst absagen. Nur dank der Intervention seines Onkels und späteren Schwiegervaters gelang es, Robert umzustimmen, und so konnte Charles am 27. 12. 1831 in See stechen. Die Reise hätte ursprünglich zwei bis drei Jahre dauern sollen, währte aber fast fünf (davon war Darwin allerdings nur

533 Tage auf hoher See). Sie verwandelte Darwin von einem begabten, aber schüchternen und irgendwie ziellosen jungen Mann in einen der größten Naturwissenschaftler aller Zeiten, weil sie seine intellektuellen ebenso wie seine volitiven Fähigkeiten stärkte – Neugierde, konzentrierte Beobachtungsgabe, Liebe zur Wissenschaft, Geduld, Fleiß und Durchsetzungsvermögen. „Ich bin sicher, daß es dieses Training war, das mich befähigt hat, all das zu leisten, was ich in der Wissenschaft geleistet habe" (A 78). Aber es konnte das nur tun, weil es einem inneren Bedürfnis Darwins entgegenkam.

1.2. Eine Weltreise und ihre Folgen

Fast zwei Monate hatte Darwin in Plymouth darauf warten müssen, daß die „Beagle" losfahren konnte. Er bezeichnet diese zwei Monate der Trennung von der Familie und den Freunden und der gespannten Erwartung als die unseligsten seines Lebens, u.a. weil er sich einbildete, herzkrank zu sein. Aber er suchte keinen Arzt auf, weil er Angst hatte, dieser würde ihm von der Reise abraten, und er auf jedes Risiko hin an dem Abenteuer teilnehmen wollte. In der Tat sollte die Reise sehr strapaziös werden – physisch wegen Seekrankheit, psychisch wegen der immer wieder aufflammenden Spannungen mit FitzRoy, der als Tory etwa die Institution der Sklaverei verteidigte, die Darwin, stets ein Liberaler, verabscheute, und schließlich wegen der Erkrankungen und Verwicklungen während der langen Aufenthalte zu Lande (hauptsächlich in Südamerika): Darwin geriet bei einer seiner zahlreichen Exkursionen zu Pferd oder in einem Boot in den argentinischen Bürgerkrieg und begegnete auch dem blutrünstigen General Rosas. Aber all das wurde mehr als aufgewogen durch die Fülle an Beobachtungen und Entdeckungen, die Darwin an Gesteinen, Pflanzen und Tieren, lebenden, die er jagte und sezierte, wie fossilen, sowie an den Menschen, denen er begegnete – Eingeborenen wie Kolonisten –, machen konnte. Auf dem Schiff waren drei Feuerländer, die bei einer früheren Fahrt der „Beagle“ nach England geholt worden waren und nun mit der Aufgabe in ihre Heimat zurückgebracht wurden, ihre Landsleute zu „zivilisieren“ – Darwin war, als man dort ankam, von ihrem schnellen Rückfall in die „primitiven“ Umgangsformen der Eingeborenen erschüttert, die von den britischen Standards der damaligen Zeit gewiß stark abwichen. Vermutlich erleichterte diese Begegnung seine spätere Überzeugung, daß die Menschen von Tieren abstammen könnten. Schon im Reisetagebuch, das mit einem Lob der zivilisatorischen Segnungen endet, die die Christianisierung der Eingeborenen der Südsee mit sich gebracht habe, heißt es: „Von den individuellen Gegenständen ist vielleicht keiner mehr geeignet, Staunen zu erregen, als der erste Anblick eines wirklichen Barbaren in seiner angestammten Umgebung – eines Menschen in seinem niedrigsten und wildesten Zustand“ (DV 388).

Nicht nur führte Darwin auf dem Schiff Tagebuch, er schickte auch regelmäßig seine zahlreichen Funde (insgesamt fast viertausend Gegenstände) nach England zu Henslow, dem er in Briefen über seine Entdeckungen berichtete. Henslow las diese in der „Philosophical Society“ vor, ja, publizierte sie ohne Wissen Darwins, der zu seiner großen Überraschung noch auf der Rückreise einem Brief seiner Schwestern entnahm, welchen Ruf er sich unter den britischen Naturwissenschaftlern seiner Zeit schon erworben hatte. Der junge Mann freute sich unbändig über die Nachricht und sah später darin ein Zeichen seines Ehrgeizes.

> „Aber ich glaube, ich kann ehrlich behaupten, daß ich in den späteren Jahren, obgleich ich mich in höchstem Maße um die Zustimmung solcher Männer wie Lyell und Hooker bemühte, die meine Freunde waren, mich nicht sehr um das allgemeine Publikum kümmerte. Ich will nicht sagen, daß mich eine positive Besprechung oder ein guter Verkauf meiner Bücher nicht sehr erfreut hätten; aber die Freude war vorübergehender Natur, und ich bin sicher, daß ich nicht einen Schritt von meinem Wege abgewichen bin, um Ruhm zu erwerben.“ (A 82)

Die Auswertung der Tausenden von Seiten Aufzeichnungen, die er sich auf der Reise gemacht hatte, sollte die nächsten Jahre in Anspruch nehmen. Hätte Darwin nur die in dieser Einführung nicht ausführlich behandelten Bücher veröffentlicht, hätte er das Faktenwissen des 19. Jahrhunderts ungewöhnlich vermehrt und sich einen bleibenden Namen in jeder Geschichte der Geologie und Biologie gesichert. Aber das, was seine einzigartige Stellung ausmacht, geht über das Sammeln von Fakten hinaus – nach seiner Reise begann er, nach einer *Erklärung* für diese und viele andere Fakten zu suchen. Entscheidend für die Richtung seiner Suche war die Lektüre von Charles Lyells *Principles of Geology* (3 Bde., 1830–1833), deren ersten Band er auf seine Reise mitnahm (der zweite erreichte ihn in Montevideo). Die Richtigkeit der darin aufgestellten Prinzipien fand er bei seiner ersten geologischen Untersuchung auf den Kapverdischen Inseln schlagend bestätigt. Lyell vertrat ein sogenanntes Uniformitäts- oder Aktualitätsprinzip, das weder logisch noch empirisch zu begründen ist, aber sinnvollerweise als Bedingung der Möglichkeit von Naturwissenschaft angenommen werden muß. Eine unmittelbare Folge dieses Prinzips, auf das wir noch eingehen werden, war das hohe Alter der Erde, das natürlich im Widerspruch zur biblischen Chronologie stand, die etwa Newton im dritten Jahrzehnt des 18. Jahrhunderts noch entschieden verteidigt hatte und an der auch noch ein naturwissenschaftlich durchaus kompetenter Mann wie FitzRoy festhielt. Es ist dieser neue zeitliche Rahmen, innerhalb dessen sich eine Evolutionstheorie wie die Darwinsche allein entfalten konnte – ja, wie wir noch sehen werden, sich nahezu entfalten mußte.

Beim Beginn seiner Reise war Darwin noch völlig vom Spezialkreationismus überzeugt, also davon, daß die biologischen Arten von Gott in einzelnen, zeitlich getrennten Schöpfungsakten erzeugt worden waren. Es waren biogeographische und paläontologische Fakten, die er in Amerika entdeckte, die allmählich und zunächst unbewußt seine Überzeugung zu erschüttern begannen. Besonders die Entdeckung unterschiedlicher Finkenarten auf den einzelnen Galápagosinseln – der später so genannten Darwinfinken – förderte den Gedanken, hier könne die Modifikation einer Art vorliegen (allerdings erst nach seiner Rückkehr, als ihm von dem Ornithologen John Gould klargemacht wurde, daß eine Gruppe der von ihm von den Galápagosinseln mitgebrachten Vögel sämtlich der Familie der Finken, allerdings unterschiedlichen Arten angehörte). Im Juli 1837 beginnt Darwin, ein erstes Notizbuch über „Transmutation of Species“ anzulegen. Zu dieser Zeit ist Darwin von der Evolution der Arten schon überzeugt, ja, er schließt schon den Menschen und seine geistigen Fähigkeiten und sogar seine religiösen Überzeugungen in diese allgemeine Entwicklung ein.

> „Der Mensch in seiner Arroganz hält sich selbst für ein großes Werk, das des Eingriffs einer Gottheit wert ist. Bescheidener und, wie ich glaube, der Wahrheit näher, ihn als von den Tieren geschaffen zu betrachten.“ (C 196f.) „Wenn alle Menschen tot wären, dann würden Affen Menschen machen. – Menschen machen Engel.“ (B 169)

Es findet sich 1837 sogar eine Aufzeichnung, es sei absurd, ein Tier als höher als ein anderes zu bezeichnen – denn eine solche Wertung sei immer nur auf unsere geistigen Leistungen bezogen; Bienen würden andere Kriterien zugrunde legen (B 74). Es erstaunt, wie schnell Darwin mit seinen früheren Überzeugungen gebrochen hatte und sich auf die waghalsigsten und folgenreichsten Gedankenexperimente einließ, wenn man zwei Tatsachen bedenkt – einerseits daß Darwin weiterhin ein wohlgeachtetes Mitglied einer wissenschaftlichen und sozialen Welt war, in der derartige Gedankengänge tabu waren, die er mehr als zwanzig Jahre lang in der Tat nur ganz wenigen Freunden eröffnete, andererseits daß Darwin zu diesem Zeitpunkt noch über keine kausale Erklärung für den Artenwandel verfügte (weswegen er damals noch mit dem vagen Begriff der Monade arbeitete). Sie fiel ihm in die Hände, als er – zu seiner

Ablenkung, wie er in seiner Autobiographie vielleicht nicht ganz zutreffend behauptet – am 28.9.1838 ein fachfremdes Buch las (was kreativen Wissenschaftlern allgemein zu empfehlen ist): Thomas Malthus' (1766–1834) *Essay on the Principle of Population* in der sechsten Auflage von 1826 (das in erster Auflage schon 1798 erschienen war). Malthus, ein Geistlicher, der den ersten Lehrstuhl für Politische Ökonomie in Großbritannien innehatte, vertrat in dieser die Demographie mitbegründenden Schrift gegen die Fortschrittshoffnungen von Godwin und Condorcet die These, alle wirtschaftlichen Fortschritte würden Elend und Laster nicht beseitigen können, da die reproduktiven Fähigkeiten des Menschen (in welche einzugreifen Malthus für lasterhaft hielt) stärker seien als jene. Es würden also immer mehr Menschen geboren werden als ernährt werden könnten; die Armut sei daher nicht abzuschaffen und würde sogar noch verschärft durch alle wohlmeinenden Versuche wie die Armengesetze, die nur die Geburtenrate bei den Armen erhöhen würden. Diese Theorie ließ sich auf die ganze organische Welt ausdehnen, und Darwin erkannte, daß sie dann eine kausale Erklärung anbot, warum nur besser angepaßte Organismen überlebten – die weniger angepaßten würden einfach aussterben oder zumindest weniger Nachkommen hinterlassen. (Freilich war es paradox, daß eine Theorie, die gegen den Fortschrittsglauben gerichtet war, als Grundlage einer evolutionären Konzeption dienen sollte.) In seiner Autobiographie behauptet Darwin, erst später sei ihm schließlich die Ursache für die Divergenz der Nachfahren desselben Organismus aufgegangen, nämlich die Anpassung an verschiedene Umwelten; aber in Wahrheit findet sich dieser Gedanke schon in den frühen *Notebooks*. Und auch einige der Überlegungen Malthus' sind schon vor der direkten Begegnung mit seinem Buch ebendort nachzuweisen.

Diese Notizbücher, von denen vier, von Darwin mit B, C, D und E bezeichnete, die Verwandlung der Arten und zwei, M und N von 1838/39, ebenso wie die von Darwin später so genannten „Old and Useless Notes about the moral sense & some metaphysical points" (wohl von 1837–1840) den Menschen als Resultat der biologischen Evolution und insbesondere seinen materialistisch gedeuteten Geist behandeln, enthalten ein Forschungsprogramm, an dem Darwin letztlich sein ganzes Leben lang arbeiten sollte, ja, manchen Gedanken, der erst in unserem Jahrhundert weiterverfolgt werden würde: Es fällt schwer, bei der Lektüre von M und N nicht an Ludwig Wittgensteins *Philosophische Untersuchungen* zu denken. Die Grundprinzipien der in diesem Buch diskutierten theoretischen Trilogie sind hier schon fast alle präsent – die Kaskade an Beobachtungen (von Tieren, Mitmenschen, aber auch seiner selbst), Theorien und weitreichenden Stellungnahmen zu metaphysischen, erkenntnistheoretischen, sprach- und moralphilosophischen Fragen (in einer sorglosen, von der ausgearbeiteten Prosa der publizierten Werke stark abweichenden Sprache) ist ein überwältigendes Zeugnis der geistigen Fruchtbarkeit, die Darwin in diesen seinen kreativsten Jahren besessen haben muß (wie bei vielen Wissenschaftlern und Philosophen also als Endzwanziger). Seine Vertrautheit mit der Philosophie des 18. und frühen 19. Jahrhunderts ist beeindrukkend, auch wenn Darwin in seiner Autobiographie einräumt, daß sein Geist für abstrakte metaphysische Betrachtungen ebenso wie für die Mathematik nicht geschaffen sei – was wohl der Grund ist, warum er etwa seine höchst fruchtbaren Überlegungen zur evolutionären Erkenntnistheorie nicht weiterverfolgte. Es kann nicht überraschen, daß etwa David Hume einer der meistzitierten Philosophen ist.

Einige wenige Zitate sollen die Radikalität seiner Anschauungen belegen:

„Ursprung des Menschen nun bewiesen. – Die Metaphysik muß blühen. – Wer den Pavian versteht, täte mehr für die Metaphysik als Locke." (M 84)

„Der Geist des Menschen ist nicht vollkommener als die Instinkte der Tiere an alle wechselnden Umstände (angepaßt) oder als die Körper beider. – Unsere Herkunft ist also die Ursache unserer bösen Leidenschaften!! – Der Teufel in Gestalt des Pavians ist unser Großvater!" (M 123)

„Platon [...] sagt im Phaedon, daß unsere ‚*notwendigen Ideen*' der Präexistenz unserer Seele entstammen und nicht aus der Erfahrung abgeleitet werden können. – Lies Affen statt Präexistenz." (M 128)

„Jene Wilden, die so argumentieren (sc. wie der Feuerländer York Minster auf der ‚Beagle', der jeden Blitz für einen direkten Ausdruck Gottes hielt), begehen denselben Fehler, wenn er auch für uns offenkundiger ist, wie jener Philosoph, der behauptet, die angeborene Kenntnis des Schöpfers sei uns (?individuell oder als Rasse?) durch einen separaten Akt Gottes eingepflanzt worden und nicht als ein notwendiger integrierender Teil seiner höchst prächtigen Gesetze, die wir profanieren, wenn wir denken, sie seien nicht fähig, jede Wirkung jeder Art hervorzubringen, die uns umgibt." (M 135 f.)

„Metaphysik so zu studieren, wie sie bisher immer studiert wurde, erscheint mir so, wie wenn man ohne Mechanik über Astronomie grübelt. – Die Erfahrung zeigt, daß das Problem des Geistes nicht durch einen Angriff auf die Zitadelle selbst gelöst werden kann. – Der Geist ist eine Funktion des Leibes. – Wir brauchen eine *stabile* Grundlage, von der aus man argumentieren kann." (N 5)

„M. Le Comtes Idee eines theologischen Zustandes der Wissenschaft. Große *Idee:* wie bevor man eine Analogie hatte, die einen zur Schlußfolgerung führte, daß jede Tatsache mit einem Gesetz verbunden ist. [...] Die Zoologie selbst ist jetzt rein theologisch." (N 12)

„In meiner Theorie gibt es keine absolute Tendenz zum Fortschritt, außer aufgrund günstiger Umstände." (N 47)

„Nach meiner Theorie kann kein Tier, so wie es jetzt existiert, Ursache seiner selbst sein & daher gibt es mit großer Wahrscheinlichkeit keine freie Handlung." (N 49)

„Ich habe mich (als Junge) oft gewundert, warum *alle abnormen* sexuellen Handlungen oder sogar Impulse [...] verabscheut werden. Das ist der Fall, weil die Instinkte zu den Frauen hin nicht befolgt werden." (N 99)

„Jene Emotionen, die im Menschen am stärksten sind, sind anderen Tieren gemeinsam & daher dem weit früheren Vorfahren." (OUN 29)

„Westminster Review [...] sagt, die große Trennung unter den Metaphysikern – die Schule von Locke, Bentham & Hartley, & die Schule von Kant & Coleridge hinsichtlich der Quellen der Erkenntnis – ob ‚irgend etwas der Gegenstand unserer Erkenntnis sein kann außer unserer Erfahrung' – ist dies nicht fast eine Frage, ob wir Instinkte haben, oder eher das Ausmaß unserer Instinkte – gewiß gibt es bei den Tieren nach unserer üblichen Definition viel Erkenntnis ohne Erfahrung. So *mag* es auch bei den Menschen sein." (OUN 33 mit Bezug auf eine anonyme, vom jungen J. St. Mill stammende Rezension von Coleridges Werken)

„Wenn man den Menschen so betrachtet, wie ein Naturwissenschaftler jedes andere Säugetier betrachten würde, könnte man schließen, er habe elterliche, eheliche und soziale Instinkte und vielleicht andere." (OUN 42)

„Die Verbesserung des Instinktes eines Schäferhundes ist der Erziehung eines Kindes streng analog." (OUN 53)

Und in Antizipation von Poppers trial-and-error-Theorie und seines berühmten Diktums, der Mensch lasse seine Theorien für sich sterben, heißt es in den Notizen zu dem Werk *Proofs and illustrations of the attributes of God from the facts and laws of the physical universe* des Geologen und Theologen John Macculloch (wohl von 1838): „(In) einer Anpassung, die vom Verstand gemacht wird, wird dieser Prozeß verkürzt, und doch ist er analog, kein Wilder hat je eine vollkommene Türangel gemacht. – Die Vernunft, und nicht der Tod, verwirft die unvollkommenen Versuche."

Natürlich drängt sich bei der Lektüre dieser Skizzen die Frage nach Darwins Stellung zur Religion auf. Zwar war nach seiner Rückkehr klar, daß er eine Karriere als Naturwissenschaftler und nicht mehr die eines Geistlichen verfolgen würde; aber seiner Ausbildung ebenso wie seinen früheren Überzeugungen nach (auf der „Beagle“ war er sogar von orthodoxen Offizieren wegen seines Glaubens an die unbedingte Autorität der Bibel verspottet worden) wußte Darwin natürlich, daß er an jenem Verständnis des Christentums rüttelte, das im 18. und frühen 19. Jahrhundert in der angelsächsischen Welt kanonisch war. Für diese Zeit hatten der Spezialkreationismus und besonders der physikotheologische Gottesbeweis nahezu den Status von Dogmen – Dogmen, die es im übrigen vielen viktorianischen Geistlichen erlaubten, Hobby-Biologen zu sein: Käfersammlungen ergänzten damals die Bibel als Grundlage der theologischen Arbeit, weil die wunderbare Angepaßtheit von Käferorganen an ihre Umwelt den Plan eines gütigen Gottes zu beweisen schien. Man kann sich daher nicht wundern, daß Darwin in einem Brief an seinen Freund Joseph Hooker vom 11. 1. 1844 über seine Überzeugung, Arten seien nicht unwandelbar, schrieb, es sei wie das Bekennen eines Mordes. Ja, in einem weiteren Brief an diesen Vertrauten vom 13. 7. 1856 äußert er sich mit Bezug auf seine Arbeit, die den Gedanken einer Teleologie und Harmonie der biologischen Welt zumindest erschüttert hatte (und in Anspielung auf die Bezeichnung des christentumskritischen Geistlichen Robert Taylor, der in Darwins Cambridger Studienzeit Ärgernis erregt hatte), folgendermaßen: „Was für ein Buch könnte ein Kaplan des Teufels über die unbeholfenen, verschwenderischen, fehlerhaften, niedrigen und schrecklich grausamen Werke der Natur schreiben!“ (Daneben freilich findet sich auch noch im Hauptwerk die Metapher von der Natur als einem sorgfältigen Gärtner: OS 1859, 277.) Darwin war sich von Anfang an darüber im klaren gewesen, daß seine neue Konzeption weitaus mehr als eine einzelwissenschaftliche Theorie war und weitgehende weltanschauliche Konsequenzen hatte. Ende der 1830er Jahre dachte er viel über religiöse Fragen nach, und seine naive Orthodoxie löste sich allmählich auf – nicht plötzlich und dramatisch, sondern graduell, ganz so wie der biologische Wandel seiner Auffassung nach verläuft. Daher war der Prozeß wenigstens im Rückblick weniger schmerzlich, als man hätte erwarten können, aber Darwin schreibt in seiner Autobiographie, er sei damals oft in Tagträume verfallen, man würde etwa in Pompeji Manuskripte und Briefe zwischen angesehenen Römern finden, die all das bestätigten, was in den Evangelien steht.

Folgende Argumente, von denen die meisten auffälligerweise gar nichts mit seiner Theorie zu tun hatten, führten nach der Autobiographie zum Verlust seines Glaubens. Erstens erschütterte seine wissenschaftliche Ausbildung den Glauben an die wörtliche Wahrheit der im Alten Testament berichteten Geschichten; der Zweifel an der Möglichkeit von Wundern, d.h. der Durchbrechung von Naturgesetzen, wuchs. Zweitens finden sich Argumente im Sinne der damals entstehenden Bibelkritik: Die Evangelien schienen keine Augenzeugenberichte zu sein, ja widersprächen einander in wichtigen Details; sie stammten zudem aus einer Zeit, in der die Menschen ein anderes Wirklichkeitsverhältnis hatten und daher viel leichtgläubiger waren (hier spürt man die Nachwirkung von Darwins Begegnung mit archaischen Formen der Religion bei den sogenannten primitiven Völkern). Drittens spielten moralische Einwände eine Rolle – der Gott des Alten Testaments erschien Darwin zunehmend als ein rachedurstiger Tyrann, und auch die neutestamentliche Lehre von der ewigen Verdammnis der Ungläubigen (zu denen er seinen Vater, seinen Bruder und fast alle seine besten Freunde rechnen mußte) hielt er selbst für verdammenswert. (Das ist übrigens eine der Passagen, die Darwins Frau zensierte. Es spricht freilich für den Charakter dieser tief religiösen Frau, daß sie die Passage nicht wegen ihrer Kritik an dieser Lehre mißbilligte – die Kritik daran, schrieb sie in einer Anmerkung, könne nicht streng genug sein –, sondern weil sie diese Lehre nicht für christlich hielt, „auch wenn die Worte da sind".)

Dennoch wäre es völlig falsch, wenn man Darwin deswegen für einen Atheisten hielte (auch wenn die Legende, er habe sich auf dem Sterbebett zum Christentum bekannt, nachweislich falsch ist). Ganz im Gegenteil zeigt die oben erwähnte Passage M 135f., daß Darwin zumindest Ende der 1830er Jahre wie die meisten Unitarier der Ansicht war, eine durchgehende kausale Erklärung des Universums sei mit einer Anerkennung Gottes als des Prinzips der Naturgesetze durchaus vereinbar; ja, es sei der Majestät Gottes sogar angemessener, wenn man nicht annehme, er sei auf einzelne Eingriffe in das Naturgeschehen angewiesen (und, so heißt es, wie wir noch sehen werden, im Hauptwerk, wenn man ihm nicht die direkte Urheberschaft für die Grausamkeiten der organischen Welt anlaste). Im Grunde ist Darwins Ablehnung des Spezialkreationismus nur eine konsequente Anwendung des Begriffs von Erklärung, der sich im 17. Jahrhundert durchgesetzt hatte, auf das Feld der Biologie – wie er in seinen schon zitierten Notizen zu John Maccullochs Buch schreibt, erkläre die Berufung auf den Willen Gottes nichts, weil wir über ihn nichts wüßten, er nicht den Charakter eines physikalischen Gesetzes habe und daher nichts vorherzusagen erlaube; und es ist nur konsequent, daß Darwin in diesen Marginalien auch feststellt, daß der Begriff der Finalursache bei ihm keinen Sinn mehr habe.

Wie das 17. und 18. Jahrhundert beweisen, konnte man das neue Modell von Erklärung und die neue Konzeption von Kausalität zwar wie Spinoza in eine Weltanschauung integrieren, die mit zentralen Aspekten der tradierten monotheistischen Religionen (allerdings nicht mit allen) brach; aber man konnte ebensogut wie Leibniz und Vico das neue Wissenschaftskonzept mit einer rationalen Theologie zu verbinden suchen, von der diese mit guten Argumenten meinten, daß sie das Wesentliche am Christentum bewahre. Auch wenn Darwin den physikotheologischen Beweis ebenso ablehnte wie den *ex consensu gentium* (d. h. den Gottesbeweis aufgrund der Übereinstimmung der Völker, und zwar weil erstens die Gottesvorstellungen der einzelnen Völker so sehr voneinander abwichen, daß es kaum etwas Gemeinsames gebe, und weil zweitens subjektive Gewißheiten, die das Resultat von Abrichtung sein könnten, kein Wahrheitskriterium seien) und den ontologischen ignorierte, blieb er vom kosmologischen Beweis (der Notwendigkeit einer ersten Ursache der Welt) so sehr fasziniert, daß er 1876 schrieb, er verdiene, ein Theist genannt zu werden. Allerdings ergänzte er später, diese Überzeugung habe ihn noch beherrscht, als er *On the Origin of Species* schrieb; aber sie sei seitdem schwächer geworden. Denn – so heißt es schon im früheren Text – aufgrund des bescheidenen Ursprungs des menschlichen Geistes müsse man sich fragen, ob man sich denn auf ihn verlassen könne, wenn er so gewaltige Schlußfolgerungen ziehe; und daher sei er, Darwin, zufrieden damit, ein Agnostiker zu bleiben. Freilich läßt sich gegen diese skeptische Konsequenz leicht einwenden, wenn denn der evolutionäre Ursprung des menschlichen Geistes seine Schlußfolgerungen relativiere, könne es auch um die Evolutionstheorie so gut nicht bestellt sein.

Darwin diskutiert auch das Theodizeeproblem, und obgleich er optimistischerweise davon ausgeht, daß das Glück das Unglück überwiege und der Schmerz insofern nützlich sei, als er den Organismus warne, scheint er doch zu bezweifeln, daß es für alle Schmerzen eine moralisch befriedigende Erklärung gebe. Der Mensch möge vielleicht durch Schmerzen moralisch gebessert werden –

> „aber die Zahl der Menschen in der Welt ist wie nichts, wenn man sie mit allen anderen fühlenden Wesen vergleicht, und diese leiden oft stark ohne jede moralische Besserung. Ein Wesen so mächtig und so voller Einsicht wie Gott, der das Universum schaffen konnte, ist für unseren endlichen Geist allmächtig und allwissend, und es empört unseren Verstand anzunehmen, daß sein Wohlwollen nicht unbegrenzt ist, denn was für ein Vorteil kann im Leiden von Millionen niederer Tiere eine fast endlose Zeit hindurch liegen? Dieses sehr alte Argument von der Existenz des Leidens gegen die Existenz einer intelligenten ersten Ursache scheint mir ein starkes." (A 90)

Gleichzeitig erklärt Darwin, der Glaube an die Unsterblichkeit der Seele sei wohl angeboren – was noch nicht seine Richtigkeit beweise (er selber teilte ihn nicht). Wenn man wie die zeitgenössischen

Physiker von einem zukünftigen Erlöschen unserer Sonne und einem Tode allen Lebens einschließlich des Menschen ausgehe, der „in der fernen Zukunft ein bei weitem vollkommeneres Geschöpf sein wird, als er jetzt ist" (A 92), sei es freilich mit jenem Glauben leichter, diesen schrecklichen Gedanken auszuhalten. Insgesamt hält der alte Darwin daran fest, daß er mit seiner Entscheidung, sein Leben der Wissenschaft zu weihen, recht getan habe. „Ich empfinde keine Gewissensbisse wegen des Begehens irgendeiner großen Sünde, aber ich habe oft und oft bedauert, daß ich meinen Mitgeschöpfen nicht mehr unmittelbar Gutes getan habe" (A 95). Seine einzige und schwache Entschuldigung sei seine schlechte Gesundheit und seine geistige Verfassung, die es ihm schwermache, mehreren Beschäftigungen nachzugehen. Er könnte sich gut vorstellen, daß er sein ganzes Leben der Philanthropie geweiht hätte, aber eben nicht nur einen Teil davon – obwohl dies moralisch viel besser gewesen wäre. Es fällt schwer, nicht gerührt zu sein, wenn man diese Seite liest, und man erkennt, wie stark die christlichen Moralvorstellungen, von denen er sich nie distanzierte, in Darwin verankert waren.

Man beginnt zu verstehen, warum Darwin so lange zögerte, seine Theorie zu veröffentlichen. Ja, es ist sogar möglich, daß er sie nie publiziert hätte, wenn er nicht Wallaces Aufsatz erhalten hätte, über den noch zu sprechen sein wird. 1842 und 1844 verfaßte er für sich selbst zwei Texte, eine kurze Skizze und eine wesentlich längere Abhandlung, in denen er seine Theorie skizzierte, und traf in einem Brief an seine Frau vom 5. 7. 1844 Anordnungen für ihre Veröffentlichung im Falle seines Todes. (Den zweiten Text trug er bei sich, als er 1847 in Oxford schweigender Zeuge der heftigen Kritik an Robert Chambers' transformistischem Buch *Vestiges of the natural history of creation* durch die British Association for the Advancement of Science wurde.) Warum wartete er vier Jahre sogar bis zur ersten noch privaten Ausformulierung seiner Theorie? In der Autobiographie schreibt er, er habe jede Voreingenommenheit vermeiden wollen. In der Tat verdankt sich der durchschlagende Erfolg seines Hauptwerks der Fülle an empirischem Material, das Darwin in der Zwischenzeit mit Geduld und Beharrlichkeit gesammelt hatte, und der Befolgung der, wie er schreibt, goldenen Regel, sich alle denkbaren Einwände gegen seine Theorie zu notieren, sobald er ihnen begegnete, so daß er die wichtigsten Kritikpunkte in seinem Buche schon antizipiert hatte. Aber der Wille, möglichst sorgfältig zu sein und sich keine Übereiltheit zuschulden kommen zu lassen, ist nicht der einzige Grund für Darwins mehr als zwei Jahrzehnte währendes Zögern. Darwin hatte wohl Angst vor Verfolgungen (vgl. C 123) – zumindest zivilrechtliche Schritte gegen als blasphemisch geltende Autoren waren aufgrund der damaligen Rechtslage denkbar –, und insbesondere wollte er seiner Umgebung, der wissenschaftlichen wie der familiären, nicht mit einer Theorie wehtun, die sie erschüttern mußte. Am 29. Januar 1839 hatte Darwin seine tief religiöse Cousine Emma Wedgwood (1808–1896) geheiratet, und obwohl die Heirat nicht gerade einer augenblicklichen Leidenschaft entsprungen war, erwies sich diese Ehe mit der etwas älteren Frau, die seit langem alle seine Bedürfnisse kannte und ernst nahm und die er selbst achtete und liebte, für ihn als ein großer Segen. Insbesondere da Darwin seit seiner Rückkehr bis zu seinem Tode an einer nie eindeutig diagnostizierten Krankheit litt, die seine Arbeitsfähigkeit immer wieder für längere Zeiträume unterbrach, war die stete Anwesenheit einer ihn umsorgenden Person eine große Hilfe. Emma machte sich um Charles' Seelenheil große Sorgen – sie wollte ihm für immer, auch im Jenseits, gehören, und auch wenn sie Charles nie zu ihrer religiösen Orthodoxie bekehren konnte, sondern im Gegenteil zu ihrem großen Kummer im Alter die Intensität ihres eigenen Glaubens nachgelassen hatte, war dieser doch gerührt von ihrer religiösen Sorge. Auf einen Brief über das Verhältnis von Religion und Wissenschaft, den sie ihm kurz nach ihrer Heirat zusandte und dessen argumentative Hilflosigkeit nichts an seiner Anmut ändert, schrieb er die Zeilen: „Wenn ich tot bin, wisse, daß ich diesen Text viele Male geküßt und über ihm geweint habe." Im übrigen ist bis heute nicht ausgemacht – und wird wohl auch nicht mehr mit Sicherheit festzustellen sein –, an welcher Krankheit Darwin eigentlich litt. Möglicherweise war es eine tropische Krankheit, die er sich auf seiner Reise zuzog, möglicherweise aber auch eine psychogene Krankheit, die mit der enormen seelischen Anspannung zu tun hatte, unter der dieser bürgerlich lebende intellektuelle Revolutionär arbeitete.

1837 oder 1838 hatte Darwin übrigens unter dem Titel „This is the Question“ für sich alle Argumente für und gegen eine Heirat niedergeschrieben. Der Text ist hochinteressant, weil er Darwins methodisches Vorgehen auch bei einer solchen Angelegenheit belegt und weil die Argumente ein bezeichnendes Licht auf Darwins gewissenhaften, aber auch pedantischen Charakter werfen. Er verrechnet den Zeitverlust, der mit einer Ehe verbunden ist, mit den Vorteilen von Kindern, aber auch einer Gefährtin (besonders im Alter), die jedenfalls besser sei als ein Hund. Ein negativer Aspekt ist für ihn die Notwendigkeit, Geld zu verdienen, wenn er viele Kinder haben sollte, aber er beendet die Liste mit „Marry – Marry – Marry Q. E. D.“ Auch wenn die Ehe mit Emma mit zehn Kindern gesegnet sein sollte, von denen sieben erwachsen wurden (im Jahre 1851 traf Darwin der Tod seiner zehnjährigen Lieblingstochter Anne tief und löste die letzten Reste seiner alten emotionalen Religiosität auf), war der Familienvater im übrigen nicht genötigt, Geld zu verdienen – Emma vermehrte, ebenso wie später der Tod seines Vaters, sein Vermögen beträchtlich, das er sehr geschickt investierte, und erlaubte ihm dadurch einen Haushalt mit zahlreichen Dienern. Ja, Darwin gelang es sogar, sein Familienleben seiner Wissenschaft dienstbar zu machen. Nicht nur wurden drei seiner Söhne in wissenschaftlichen Positionen tätig (Francis war in Charles’ späteren Jahren gewissermaßen sein wissenschaftlicher Assistent), schon die jungen Kinder wurden Gegenstand ausgiebiger Beobachtungen. Ähnlich wie Giambattista Vico, einer der wenigen Philosophen des 17./18. Jahrhunderts, der Familienvater war und dem sich durch diese Erfahrung neue Horizonte eröffneten, weil er als erster die Eigenlogik der frühkindlichen Denkweise begriff, schaffte es Darwin, ein zwar paternalistischer, aber doch zärtlicher Gatte und Vater zu sein und gleichzeitig das Verhalten seiner Kinder mit wissenschaftlicher Objektivität zu beobachten. 1877 veröffentlichte er, angeregt durch einen Text von Hippolyte Taine, in der Zeitschrift *Mind* den Aufsatz „A Biographical Sketch of an Infant“ (Eine biographische Skizze eines Kindes), in den u. a. 37 Jahre zurückliegende Tagebuchaufzeichnungen eingegangen sind, in denen das Verhalten seines ersten Kindes auf verschiedenen Gebieten mit bewundernswerter Präzision festgehalten wird – einer der ersten Versuche einer Verbindung von Biologie und Entwicklungspsychologie.

Von 1837 bis 1842 lebte Darwin in London. Während der Jahre im Zentrum des wissenschaftlichen und kulturellen Lebens des britischen Empires wurde Darwin mit den führenden Naturwissenschaftlern und auch vielen Intellektuellen bekannt, denen er bei gesellschaftlichen Anlässen begegnete – etwa dem Historiker Henry Thomas Buckle, dem Philosophen und Soziologen Herbert Spencer, dessen Egomanie ihn allerdings abstieß und dessen übereilte Generalisierungen auf deduktiver Grundlage ihm von geringem wissenschaftlichem Wert erschienen, und schließlich dem Schriftsteller Thomas Carlyle, dessen Überzeugung, Macht sei Recht, ihm ebenso mißfiel wie sein völliges Unverständnis für naturwissenschaftliche Fragestellungen. Besonders wichtig wurde die Freundschaft mit Lyell, den Darwin endlich kennenlernte und an dem er zumal die Sympathie bewunderte, die er der Arbeit anderer entgegenbrachte. Auch wenn der zwölf Jahre ältere Lyell sich nie endgültig zu Darwins Theorie durchringen sollte, hatte er doch ihr gegenüber eine Offenheit, die nach Darwins Auffassung von einem Wissenschaftler in diesem Alter nicht mehr zu erwarten war – Darwin hatte als junger Mann einmal zu Lyell gesagt, es wäre gut, wenn alle Wissenschaftler mit sechzig Jahren stürben, da sie nachher neue Theorien nur behindern würden. Auch der Botaniker Robert Brown und der Anatom Richard Owen, nach Veröffentlichung der Evolutionstheorie einer seiner erbittertsten wissenschaftlichen Gegner, ja persönlichen Feinde, wurden damals zu einflußreichen Gesprächspartnern Darwins. Als später erworbene Freunde sind der Botaniker Joseph Hooker (Henslows Schwiegersohn) und der sechzehn Jahre jüngere Arzt und Zoologe Thomas Henry Huxley zu erwähnen. Darwins Sinn für Freundschaften gehört, auch wenn er im Alter naturgemäß nachließ, zu seinen schönsten Zügen – so adelt ihn seine Bemerkung, Browns wissenschaftliche Eifersucht sei zwar unangenehm gewesen, aber sie werde mehr als wettgemacht durch die Treue und Großzügigkeit, die er einem alten Diener gegenüber gezeigt habe. Auch Darwins Freundschaften sind mit seiner wissenschaftlichen Arbeit eng verwoben, da er viele seiner Theorien zunächst einmal der Kritik seiner Freunde aussetzte, die ihm stets ein Anlaß war, seine Gedanken zu verbessern.

1.3. Der Privatgelehrte von Down

Die Integration des noch jungen Darwin in die *scientific community* gelang in den Londoner Jahren reibungslos – Darwin wurde 1839 Mitglied der Royal Society –, und das Netzwerk an Beziehungen blieb bestehen, als sich Darwin 1842 mit seiner Familie in das Dorf Down in Kent zurückzog (heute zu London gehörig), wo er ein geräumiges Landhaus mit Garten gekauft hatte. Hier verbrachte er die ihm noch verbleibenden vierzig Jahre seines Lebens und ging seiner wissenschaftlichen, theoretischen ebenso wie experimentellen, Arbeit nach. Aufgrund seines Vermögens war Darwin nicht auf eine universitäre Laufbahn angewiesen, und die drei Jahre, die er in London Sekretär der Geologischen Gesellschaft war (1838–1841), waren die einzige Zeit, in der er eine akademische administrative Arbeit ausübte, die ihm aber nicht im mindesten lag. Ja, auch das gesellige Leben empfand er angesichts seiner Krankheit zunehmend als Belastung, und einer der Gründe, warum er aufs Land zog, war, daß er sich den gesellschaftlichen Verpflichtungen entziehen wollte, die ein Leben in London nach sich zog. In Down House, das er immer wieder verließ (u. a. zu Kuren und wissenschaftlichen Tagungen – in vierzig Jahren war er immerhin 2000 Tage außer Haus), verfaßte Darwin seine berühmtesten Werke. Er lebte im Alter ein nach Stundenplan genau festgelegtes Leben – ähnlich wie Kant, freilich das Leben eines Familienmenschen, der durchschnittlich nur vier Stunden am Tage in drei Blöcken für seine wissenschaftliche Arbeit reservierte und die Zeit dazwischen Spaziergängen, Mahlzeiten, der Konversation und Lektüre mit der Familie, der Erledigung des immer umfangreicheren Briefwechsels, der Zeitungslektüre, dem Billard und den Brettspielen mit seiner Frau widmete. Das Familienidyll von Down trug freilich dazu bei, daß – wie Darwins Enkelin Gwen Raverat schreibt – seine Söhne später Schwierigkeiten hatten, sich in der Welt außerhalb jenes frühen Elysiums zurechtzufinden. Darwin übernahm auch gesellschaftliche Aufgaben wie die Position eines Friedensrichters und die des Schatzmeisters der Dorfschule und half seinem Freund, dem Pfarrer Brodie Innes, bei karitativen Aktivitäten. Um so erstaunlicher ist das Œuvre, das er unter diesen Bedingungen hervorbrachte.

Das erste Buch, das Darwin veröffentlichte, war der Bericht über seine Weltreise – *Journal of researches into the geology and natural history of the various countries visited by H. M. S. Beagle.* Da Darwin auf seine Reiseaufzeichnungen zurückgreifen konnte, war der Bericht schon im September 1837 abgeschlossen, erschien allerdings erst 1839 als dritter Teil eines vierbändigen, mit FitzRoy zusammen abgefaßten Werkes, aber schon bald darauf selbständig. Darwins ganzes Leben über war das Buch ein großer Erfolg, und die hier erstmals erprobte Verbindung von naturwissenschaftlicher Unterweisung und persönlichem Erlebnisbericht hat sicher zur Herausbildung seiner glänzenden Wissenschaftsprosa beigetragen. Es folgten drei geologische Bücher, von denen *The structure and distribution of coral reefs* von 1842 eine bis heute im wesentlichen gültige Theorie über die Entstehung von Korallenriffen enthält. In seiner meisterhaften Studie der wissenschaftlichen Kreativität Darwins hat der Psychologe Howard Gruber, ein Piagetschüler, den inneren Zusammenhang zwischen dieser sehr speziellen Theorie, die Darwin schon 1835 konzipiert hatte, und dem großen Wurf, an dem Darwin zur Zeit ihrer Veröffentlichung heimlich arbeitete, aufgewiesen. Nach Darwin wachsen die Korallen, wenn eine Insel langsam im Meer versinkt, gleichsam um ihr Leben, da sie nur im Oberflächenwasser überleben können. In dieser Theorie ebenso wie in seiner Theorie der Evolution durch natürliche Selektion spielt also erstens ein Bevölkerungswachstum eine Rolle, das einen Gleichgewichtszustand stört; zweitens wird in beiden Fällen die geographische Verteilung eines biologischen Phänomens durch geologische Faktoren in Verbindung mit einem Bevölkerungswachstum erklärt, drittens erscheinen dadurch diskontinuierliche Phänomene – Atolle bzw. Arten – in einer kontinuierlichen Reihe. Die Theorie war ein unmittelbarer Erfolg und wog die fehlerhafte Erklärung auf, die Darwin in einem Aufsatz von 1839 für die sogenannten Parallelstraßen von Glen Roy vorgeschlagen hatte, nämlich aufgrund der Wirkung des Meeres. Es spricht sehr für Darwin, der die Kunst der Selbstkritik in hohem Maße beherrschte, daß er seine Erklärung später angesichts der besseren (nämlich daß jene Straßen durch einen Gletschersee während einer Eiszeit gebildet worden seien) aufgab. Er zog aus diesem Fehler die Lehre, man könne in der Wissenschaft nie dem Prinzip des Ausschlusses vertrauen, d. h. eine Erklärung nur deswegen favorisieren, weil einem keine bessere bekannt sei. Schon früher hatte er im Rückblick auf seine geologische Exkursion mit Sedgwick gelernt, daß man Phänomene leicht übersieht, wenn man nicht über eine Theorie verfügt, die sie erklären könnte.

Nach seinen beiden weiteren geologischen Büchern (über vulkanische Inseln und über Südamerika) und mehreren geologischen Aufsätzen, die auf Lyells Prinzipien gründeten und gleichzeitig entscheidend zu deren Durchsetzung beitrugen, begann sich

Darwin von diesem Fach abzuwenden, wohl auch weil seine Gesundheit ihm zum letzten Mal 1842 eine geologische Exkursion erlaubt hatte. Er gab als nächstes ein fünfbändiges Werk über die zoologischen Ergebnisse der Weltreise der „Beagle" heraus, das kompetente Spezialisten verfaßt hatten und das den Übergang zu seiner zoologischen Phase bildet. 1846 wandte er sich den Rankenfüßern (Cirripedia) zu, einer, wie er erkannte, Unterklasse der Krebstiere. Acht mühevolle Jahre beschäftigte er sich mit den rezenten und ausgestorbenen Arten und legte seine Forschungsergebnisse 1851–1854 in einem vierbändigen Werk nieder. (Besonders interessant war die Entdeckung von winzigen Männchen, die bei einigen Arten wie Parasiten an den Weibchen leben und deren einzige Funktion die Produktion von Sperma ist.) Es liegt etwas Erheiterndes in der Tatsache, daß das Buch, das Darwins Hauptwerk unmittelbar vorangeht, von der Tragweite des Gegenstandes her denkbar weit von ihm entfernt ist. Dennoch führte es zusammen mit seinen früheren Schriften zur Verleihung der Royal Medal der Royal Society im Jahr 1853 an ihn; es führte allerdings auch dazu, daß er in Bulwer-Lyttons Roman *What will he do with it?* von 1859 als Muschelexperte Professor Long karikiert wurde. Darwin wäre im Rahmen viktorianischer Ehrbarkeit verblieben, wenn er sich mit diesem Werk aus der wissenschaftlichen Welt verabschiedet hätte; er wäre freilich heute nur Geologie- und Biologiehistorikern bekannt. Aber Darwin hatte sich diesem Werk wohl nur gewidmet, weil er der qualvollen Spannung entgehen wollte, die seine grundsätzlichen Überlegungen in ihm erzeugt hatten – es war gleichsam eine Flucht aus der Höhenluft der Theorie in die Niederungen positivistischer Empirie. Diese Flucht half ihm einerseits, wissenschaftliche Reputation unter Biologen zu gewinnen, andererseits machte sie aus dem Sammler und Beobachter einen ausgezeichneten Systematiker, der auf dem Gebiet der Klassifikation eine Kompetenz erwarb, die ihm bald zugute kommen sollte. Insofern war dieser Exkurs, der Darwin am Ende sehr lästig geworden war, nicht nur ein Umweg.

Allmählich fühlte Darwin sich und wohl auch den Zeitgeist in der Lage, mit der Veröffentlichung seiner neuen Theorie fertig zu werden. Da seine Theorie voraussetzte, daß sich Arten auch über das Meer ausbreiten können (zumal er sich Edward Forbes' Hypothese eines versunkenen Kontinents nicht anschließen konnte), mußte er u. a. gegen die damals herrschende Meinung nachweisen, daß Pflanzenkeime in Seewasser lange überleben konnten, was ihm in sorgfältigen Experimenten auch glänzend gelang, die er 1855 in vier Aufsätzen bekannt machte. Schon seit langem hatte er sich gründlich über die Ergebnisse von Pflanzen- und Tierzüchtern informiert, unter anderem in Briefen und Fragebögen, die er erstmals 1839 versandt hatte. Besonders die Taubenzucht, der er sich selbst widmete, faszinierte ihn, aber darüber hinaus interessierte ihn das gesamte praktische Wissen, das Generationen gewiß nicht wissenschaftlich denkender Züchter von Haustieren gesammelt hatten. Es unterscheidet Darwin von den meisten Naturwissenschaftlern seiner Zeit, daß er das vorwissenschaftliche Wissen außerordentlich ernst nahm – viele seiner Kollegen wären zu hochmütig gewesen, wie er die Geflügelzüchterzeitschrift „Poultry Chronicle" zu kaufen und zu lesen; und man kann nicht bestreiten, daß Darwin umgekehrt manche der neuen Entdeckungen der Biologie in den 1850er Jahren nicht genauer verfolgte, so etwa im Bereich der Physiologie, in der er nicht forschte, auch weil er keine grausamen Experimente an Tieren machte (ohne sie freilich bei seinen Kollegen zu verurteilen, da das Quälen der Tiere, deren Schmerzen zu mindern er im allgemeinen für eine moralische Pflicht hielt, in diesem Falle gerechtfertigt sei durch die Minderung menschlichen Leidens aufgrund der Fortschritte der Medizin). Aber vielleicht ist gerade das ein Zeichen des Genius, daß er nicht nur die Moden, sondern auch die substantiellen Errungenschaften seiner Zeit zum Teil ignoriert, wenn sie ihn von seiner Bestimmung abführen, und einen nahezu untrüglichen Instinkt für das besitzt, was für ihn selbst wichtig ist. Sein großer Zeitgenosse Claude Bernard ist in mancher Hinsicht moderner als Darwin, aber es blieb letzterem beschieden, die Biologie wie kein anderer zu revolutionieren.

Auf Anraten Lyells, dem er seine Theorie 1856 endlich gestanden hatte, begann er in demselben Jahr, unter dem Titel *Natural selection* ein sehr ausführliches Manuskript über seine Theorie der Evolution zu verfassen (das erst 1975 herausgegeben wurde). Inzwischen hatte er für seine Theorie einige seiner Freunde gewonnen, mit deren Hilfe er bei der unvermeidlich bevorstehenden Auseinandersetzung rechnen konnte: Darwin vermochte durchaus wissenschaftsstrategisch zu denken, auch wenn er selbst Konflikten gerne aus dem Wege ging. Er hatte etwa zwei Drittel des geplanten Buches abgeschlossen, als er am 18. 6. 1858 aus Asien einen Brief erhielt, der ihn aufwühlte. Ein 14 Jahre jüngerer Biologe namens Alfred Russel Wallace, mit dem er schon korrespondiert, von dem er Bälge von Tieren gekauft, ja, den er zu weiterer Arbeit ermuntert hatte, teilte ihm eine Theorie über die Entstehung der Arten mit, die der seinen, bisher nur wenigen Menschen anvertrauten, bis auf die Details glich. Zwar bat ihn Wallace nicht ausdrücklich darum, seinen Text zu veröffentlichen, wohl aber, ihn Lyell zu zeigen. Diese Geschichte ist aus verschiedenen Gründen interessant. Erstens beweist sie noch einmal, daß bestimmte Theorien nicht so sehr die kontingente Leistung einzelner Individuen als vielmehr auf einer bestimmten Entwicklungsstufe geradezu notwendig sind. Man denke an Julius Robert von Mayers und James Prescott Joules voneinander unabhängige Entdeckung des mechanischen Äquivalents der Wärme in den 1840er Jahren oder – auf dem Felde der Biologie – an Gregor Mendels die Genetik begründenden Entdeckungen in den 1860er Jahren, die etwas vorher von Charles Naudin, allerdings nur zu einem Teil, antizipiert worden waren. Beider Arbeiten blieben nahezu unbeachtet, bis jene Gesetze um die Jahrhundertwende wiederentdeckt wurden – wiederum fast gleichzeitig und unabhängig voneinander von dem Niederländer Hugo de Vries, dem Deutschen Karl Correns und dem Österreicher Erich Tschermak von Seysenegg.

Zweitens weist jene Koinzidenz darauf hin, daß bei der Erklärung des Zustandekommens wissenschaftlicher Theorien soziale Faktoren eine wesentlich geringere Rolle spielen als wissenschaftsinterne und psychische. Darwin und Wallace hatten in ihrem wissenschaftlichen Training manches gemeinsam – sie waren beide relativ junge Seiteneinsteiger, als sie ihre Theorie entwickelten, sie hatten beide große Reisen hinter sich (Wallace angeregt durch Humboldts und Darwins Reiseberichte) und besonders Inseln genauer erforscht, wo die Mechanismen der Anpassung leichter erkennbar sind, weil die Ökologie weniger komplex ist, und sie hatten beide Malthus gelesen (allerdings gab Malthus Darwin den letzten Wink, während Wallace Malthus wohl vierzehn Jahre vor dem Zeitpunkt gelesen hatte, als er angesichts biogeographischer Fakten seine Theorie konzipierte). Von ihrem sozialen Hintergrund waren sie dagegen denkbar unterschiedlich: Darwin war ein vermögender liberaler Gentleman, Wallace entstammte einer verarmten Familie, hatte mit vierzehn Jahren als Lehrling zu arbeiten begonnen und sozialistische Ideen aufgesogen. Dennoch entdeckten sie dieselben Mechanismen.

Drittens ist die doppelte Entdeckung deswegen lehrreich, weil sie zeigt, daß dieselben biologischen Resultate gleich von Anfang an unterschiedlich interpretiert werden können – und hierbei mag der unterschiedliche soziale Hintergrund eine Rolle gespielt haben. Darwin deutete den menschlichen Geist materialistisch, während er nach Wallace nicht durch die von ihnen beiden gefundenen Mechanismen erklärt werden kann. (Wallace entwickelte später ausgesprochen spiritistische Interessen, während Darwin nur einmal aus Neugierde mit Galton und George Eliot an einer Séance teilzunehmen versuchte; er zog sich aber vor ihrem Beginn ermüdet zurück.) Darwin blickte auf die sogenannten primitiven Völker herab, während Wallace der Ansicht war, daß manche Eingeborene über eine höhere Moralität verfügten als die Kolonialherren, die für ihr Aussterben verantwortlich waren. Schließlich band Wallace sein biologisches Modell ein in einen allgemeinen Evolutionismus, an dessen Ende die gerechte Gesellschaft erscheinen sollte. Zwar teilte auch Darwin die Hoffnung auf soziale Evolution, aber er glaubte nur mit sehr starken Einschränkungen, daß sie sich auf seine Theorie gründen ließe.

Viertens ist jene Geschichte auch deswegen beispielhaft, weil sie zeigt, wie Prioritätsstreitigkeiten auf zivilisierte Weise behoben werden können. Eine Situation wie die damals entstandene ist für die Betroffenen gewiß nicht einfach, weil es nur menschlich ist, daß ein Wissenschaftler eine Theorie, an der er lange gearbeitet hat und die er gleichsam als Eintrittsbillet zu ewigem wissenschaftlichen Ruhm betrachtet, als sein geistiges Eigentum verteidigt. Die Art freilich, wie etwa Newton im Prioritätsstreit mit Leibniz um die Infinitesimalrechnung reagierte, wirft ebenso wie seine Kontroversen mit Robert Hooke und John Flamsteed einen Schatten auf den Charakter dieses großen Wissenschaftlers. Um so bewundernswerter ist die Weise, wie die kultivierten britischen Umgangsformen der Zeit den Konflikt zu beheben erlaubten – Wallace erkannte Darwins Priorität und die Überlegenheit seines Buches stets an, Darwin und Wallace pflegten ihr ganzes Leben lang eine gute Beziehung, ja, Darwin verhalf, zusammen mit anderen, Wallace später zu einer staatlichen Pension. Daß Wallace einem seiner Bücher den Titel *Darwinism* gab, verdient große Achtung – ja, vielleicht sollte man zum Ausgleich das Wort „Wallacismus" prägen, um eine unter Wissenschaftlern nicht verbreitete Fähigkeit zu bezeichnen, die Leistungen von Konkurrenten großzügig anzuerkennen. Darwin hatte schon 1846 erlebt, daß Forbes eine (selbständig gefundene) Theorie über die Ausbreitung von Arten in der Eiszeit publizierte, die er selbst Jahre vorher privat ausgearbeitet hatte, aber er hatte in keiner seiner Veröffentlichungen auf seine Priorität hingewiesen. Auch daß die embryologischen Überlegungen zur Rekapitulation, also der partiellen Wiederholung der Phylogenese in der Ontogenese, in seinem Hauptwerk wesentlich weniger beachtet wurden als Fritz Müllers und Ernst Haeckels Arbeiten zur sogenannten „biogenetischen Grundregel", obwohl er sehr viel Material auf diesem

Gebiet gesammelt hatte, erkannte er später als durchaus gerecht an: Es war seine Schuld, daß er das Thema nicht ausführlicher bearbeitet und seine Leser nicht beeindruckt hatte – „der aber, dem dies gelingt, verdient meiner Ansicht nach die ganze Anerkennung“ (A 125). Nun aber stand Existentielles auf dem Spiel. Er wandte sich sofort nach Erhalt jenes Briefes an Lyell, der ihn schon 1856 gewarnt hatte, daß seine Theorie vorweggenommen werden könnte:

> „Ich sah nie eine auffälligere Übereinstimmung; hätte Wallace meine handgeschriebene Skizze gesehen, die ich 1842 verfaßt habe, hätte er keine bessere kurze Zusammenfassung machen können! Sogar seine Begriffe stehen nun als Überschriften meiner Kapitel. [...] [Er] sagt zwar nicht, er wünsche, daß ich [seinen Aufsatz] publiziere, aber ich werde, natürlich, sofort schreiben und anbieten, es an irgendeine Zeitschrift zu senden. So wird meine ganze Originalität, wie groß auch immer sie sein mag, vernichtet sein, auch wenn mein Buch, wenn es je Wert haben sollte, nicht schlechter sein wird; denn die ganze Arbeit besteht in der Anwendung der Theorie.“

Lyell reagierte auf diesen großzügigen Brief mit folgendem klugen Vorschlag: Wallace und Darwin sollten beide gleichzeitig ihre Theorien vorstellen. Darwin zögerte, weil er nicht sicher war, wie Wallace, den man aufgrund der Entfernung nicht schnell erreichen konnte, auf diesen Vorschlag reagieren würde – „ich würde weitaus lieber mein ganzes Buch verbrennen, als daß er oder irgend jemand denken sollte, ich hätte mich niedriggesinnt benommen“ (Brief vom 25. 6. an Lyell). Dennoch einigten sich Darwin, Lyell und Hooker schließlich, und am 1. 7. 1858 wurden in der Linnean Society in Abwesenheit beider Autoren Auszüge aus Darwins Abhandlung von 1844, die Hooker gesehen zu haben bestätigen konnte, und Teile eines Briefes, den er 1857 an den amerikanischen Botaniker Asa Gray über seine Theorie geschickt hatte, ebenso wie Wallaces Essay vorgelesen. Der Eindruck, den das Ganze hinterließ, war schwach; der Präsident der Gesellschaft erklärte ein Jahr später, das gerade vergangene (akademische) Jahr sei nicht durch eine jener auffallenden Entdeckungen charakterisiert gewesen, die eine Wissenschaft gleichsam sofort revolutionieren.

Wenn es nun ein Werk gibt, das beanspruchen kann, eine wissenschaftliche Revolution im Sinne Th. S. Kuhns ausgelöst zu haben, dann sicher *On the origin of species by means of natural selection, or the preservation of favoured races in the struggle for life*, das am 22. 11. 1859 erschien. Darwin hatte sich entschlossen, die Arbeit an *Natural selection* zu unterbrechen und in Eile eine vollständige, aber kürzere Fassung seiner Theorie niederzuschreiben – die Konkurrenz von Wallace erwies sich, gut darwinistisch, als segensreich. Er betrachtete diese nur als „abstract" (Kurzfassung) der später nachzuliefernden Langfassung (die allerdings nie erschien und sicher viel weniger Leser gefunden hätte); nur der Verleger konnte ihn davon abhalten, dies auch schon im Titel seines Werkes auszudrücken. Es wandte sich ausdrücklich an ein breiteres Publikum – so enthält es z. B. keine einzige Fußnote. Wider aller Erwarten schlug das Buch sofort ein – die Erstauflage von 1250 Exemplaren war am ersten Tag ausverkauft, und Darwin erlebte selbst sechs Auflagen, die jeweils sorgfältig überarbeitet wurden. Auch wenn das Buch nur in einem Satz direkt auf den Ursprung des Menschen anspielte, wußten die Leser sofort, daß es wichtige Konsequenzen in dieser Frage hatte. Darwin wurde sogleich eine Berühmtheit, und insbesondere Huxley kämpfte mit allen Mitteln für seine Theorie. Bekannt ist Huxleys Auseinandersetzung mit Bischof Samuel Wilberforce am 30. 6. 1860 in Oxford, wo er auf dessen Frage, ob er denn von großmütterlicher oder großväterlicher Seite von einem Affen abstamme, entgegnete, er ziehe es vor, von einem Affen abzustammen statt von einem Mann, der seine Fähigkeiten und seinen Einfluß mißbrauche, um wissenschaftliche Diskussionen der Lächerlichkeit preiszugeben. Darwin war natürlich nicht dabei – „ich wäre sofort gestorben, sobald ich versucht hätte, dem Bischof in einer solchen Versammlung zu antworten" (Brief an Huxley vom 3.7.1860). Freilich beruhte nicht nur die Gegnerschaft zu Darwins Theorie auf vorgefaßten Meinungen; auch seine Anhänger waren oft mehr von seinen Schlußfolgerungen angezogen als von der Qualität seiner Argumente, deren Subtilität sich ihnen entzog. Henry Adams hat in dem „Darwinism" betitelten Kapitel seiner Autobiographie prägnant geschildert, wie er als Botschaftssekretär in London sofort Darwinist wurde, obwohl ihm jede Ausbildung dafür fehlte, Darwins Buch im Detail zu verstehen.

Darwin überließ die ideologische Auseinandersetzung um seine Theorie im wesentlichen anderen – sein intelligentester Kritiker wurde der katholische Naturwissenschaftler St George Mivart, sein heftigster Samuel Butler –, weil er sich schon früh Lyells Ratschlag zu Herzen genommen hatte, sich nicht auf Kontroversen einzulassen, da dies selten etwas Gutes bewirke und einen beträchtlichen Verlust an Zeit und guter Laune zur Folge habe. Da er sich selbst nicht für eine außerordentliche Begabung hielt und zudem wohl wirklich der Ansicht war, daß sein Werk stark überschätzt werde (A 126), veränderte auch der nun einsetzende Weltruhm sein Wesen nicht im mindesten – der Terminus „Darwinismus" wurde schon 1860 geprägt, 1864 erhielt Darwin die Copley Medal der Royal Society (allerdings ausdrücklich nicht für seine Evolutionstheorie), 1868 verlieh ihm der König von Preußen den Orden „Pour le Mérite", Ehrendoktorate aus Bonn und Cambridge folgten (ein entsprechendes Angebot aus Oxford lehnte er ab), am Ende seines Lebens war er Mitglied von 57 führenden Gesellschaften des Auslandes, wissenschaftliche und sonstige Größen pilgerten nach Down, man versuchte Darwin für allerlei zu gewinnen. Doch Darwin ließ sich nicht instrumentalisieren – der Malthus-Bewunderer lehnte es ab, sich in einem Prozeß gegen Charles Bradlaugh für den Einsatz empfängnisverhütender Mittel auszusprechen; und als der materialistische Atheist Ludwig Büchner, Georgs Bruder, 1881 darum bat, ihn besuchen zu dürfen, lud er ihn zum Essen ein – aber zusammen mit dem Geistlichen Innes. Darwin ließ sich nicht nur nicht instrumentalisieren, er ließ sich auch nicht von seinen wissenschaftlichen Interessen ablenken und fuhr bis kurz vor seinem Tode mit seiner Arbeit fort.

1868 erschien sein umfangreichstes Werk, *The variation of animals and plants under domestication* in zwei Bänden, das u. a. Material aus den ersten beiden Kapiteln von *Natural selection* aufgriff. Darwin hatte mit Lamarck stets angenommen, daß erworbene Veränderungen vererbt werden könnten, und er tendierte nun immer mehr zu der Auffassung, daß dieser Mechanismus neben dem der natürlichen Selektion eine wichtige Rolle spiele. Da man damals über die Ursachen der Variation keine klaren Vorstellungen hatte, entwickelte er eine eigene Hypothese, die Pangenesishypothese, nach der das Fortpflanzungssystem „gemmules", also Keimchen aus den einzelnen Zellen, in sich sammle. Huxley lehnte die Theorie ab, und Galtons Experimente stützten sie nicht – heute wissen wir, daß sie völlig falsch ist. Mit *The descent of man and selection in relation to sex* von 1871 (der zweite Teil des Titels im Original in kleinerer Schrift) und *The expression of emotions in man and animals* von 1872 wandte Darwin endlich seine Theorie auf den Menschen an – die Entdeckungen der Notebooks M und N wurden mehr als dreißig Jahre später zum ersten Mal veröffentlicht. Das letzte Lebensjahrzehnt widmete Darwin einem Gebiet, das ihn in den 1860er Jahren zunehmend fasziniert hatte – der Botanik. Er hatte stets den Rang der Pflanzen in der Ordnung der Organismen hochgehalten und entdeckte durch sorgfältige Experimente eine Fülle neuer Phänomene. 1862 hatte er ein Buch über die Befruchtung der Orchideen durch die Insekten veröffentlicht, 1867 eine lange Abhandlung über Kletterpflanzen. 1875 bis 1880 folgten neben zahlreichen Aufsätzen vier weitere botanische Bücher – über insectivore Pflanzen, über die Wirkungen von Kreuz- und Selbstbefruchtung (erstere sind bedeutend besser für den Nachwuchs, weswegen es zu Mechanismen der Verhinderung der Selbstbefruchtung kommt), über die verschiedenen Blumenformen bei denselben Arten und über die pflanzliche Bewegung (das erste Werk der botanischen Verhaltensforschung). Darwins letztes Buch griff ein Thema auf, das ihn seit 1837 beschäftigt hatte – Regenwürmer. Er erkannte ihre große ökologische Bedeutung und konnte in diesem Buch seine geologischen und biologischen Interessen zusammenführen. Wie bei seinen meisten Veröffentlichungen hatte Darwin lange Zeit an einem Thema experimentiert und darüber nachgedacht, bevor er ein Buch darüber schrieb – „denn ein Mensch kann nach einer langen Unterbrechung sein eigenes Werk fast so kritisieren, als ob es das einer anderen Person sei" (A 132 f.). Darwin wußte, daß dieses Buch, mit dem sich gleichsam ein Kreis schloß, sein letztes sein würde. Sein Wunsch, ein Verfall seiner geistigen Kräfte möge ihm erspart bleiben, ging in Erfüllung. Am 19. April 1882 starb er in Down. Es gelang seinen Freunden, eine Bestattung des inzwischen allgemein verehrten, ja geliebten Agnostikers in Westminster Abbey durchzusetzen, wo er unter dem Monument Newtons begraben liegt.

2. „Die Entstehung der Arten durch natürliche Zuchtwahl“

2.1. Darwins große Fragen

Neben den unzähligen Fässern und Kisten, in denen zwischen Laub und Stroh Steine, Fossilien, Tierbälge, Insekten, Spiritusflaschen mit Fischen, Knochen, Pflanzen und vieles mehr aufwendig verpackt waren, brachte Darwin von seiner langen Weltreise vor allem zwei große Fragen mit zurück: Gibt es eine Evolution – und was ist ihr genauer Mechanismus? Die Überzeugung, daß es einen solchen stammesgeschichtlichen Wandel von Tier- und Pflanzenarten geben müsse und damit einen entwicklungsgeschichtlichen Zusammenhang zwischen der Fülle der Lebensformen, drängte sich Darwin immer mehr auf, als er in London begann, die Forschungsergebnisse seiner Reise auszuwerten. Eine große Zahl der Funde und Beobachtungen der vorausgegangenen fünf Jahre schienen nur in diesem Lichte sinnvoll gedeutet werden zu können: Da waren die verschiedenen Fossilien, etwa die Knochen eines ausgestorbenen Riesenfaultieres, welches große Ähnlichkeiten zu existierenden Arten aufwies. Rückblickend resümiert er in seinem Reisebericht: „Diese wundervolle Verwandtschaft zwischen den toten und existierenden Lebewesen auf einem Kontinent wird, daran zweifle ich nicht, in Zukunft mehr Licht auf das Erscheinen von Lebewesen auf unserer Erde, und auf ihr Verschwinden, werfen als alle anderen Klassen von Tatsachen“ (NV 173). Und dann gab es die schon erwähnten Finken des Galápagos-Archipel, das er 1835 besuchte hatte. Auf jeder der Einzelinseln kamen Arten mit anderen Schnabelformen vor, von denen manche besser geeignet waren, um zum Beispiel Körner, andere, um Insekten zu verzehren. In Abhängigkeit von dem Nahrungsangebot schien sich hier eine die Inselgruppe ursprünglich besiedelnde Finkenart in neue, den Umständen jeweils angepaßte Arten differenziert zu haben. Überraschende Einzelbeobachtungen ergänzten den Eindruck: Auf einer Insel in der Nähe von Montevideo war er auf eine Eidechse mit rudimentären, d. h. verkümmerten Gliedmaßen gestoßen – Darwin notierte, daß sie einen „Übergang von den Eidechsen zur Schlange" (DV 77) anzuzeigen scheine.

Es ist schon gesagt worden, daß Darwin vor Antritt seiner großen Reise, seines Großvaters ungeachtet, noch von der Artenkonstanz und den Annahmen des Spezialkreationismus ausging. Doch wird Darwin diesem Artbegriff, wie er seit Aristoteles das Abendland bestimmt hatte, den Todesstoß geben – jenem Verständnis, nach dem den biologischen „Arten" unwandelbare, nicht voneinander ableitbare Formentypen der Natur zugrunde liegen, welche sich in ihrem Wesen streng voneinander unterscheiden. Innerhalb eines solchen Typs, so nahmen seine Zeitgenossen an, konnte es Modifikationen geben, aber Übergänge und Wandlungen erschienen undenkbar. Zugleich nahmen alle Arten einen festen Platz in einer hierarchischen und werthaften Ordnung, der „scala naturae", ein, wo sie nach Vollkommenheitsgraden geordnet waren – der Mensch an der Spitze. Wer am Artbegriff rüttelte, der erschütterte in der Tat die Grundfesten eines Weltbildes.

Dennoch war die Idee einer biologischen Evolution keineswegs neu oder ungewöhnlich. Nach ihrem vereinzelten Auftreten in der Antike (etwa bei Empedokles) wurde sie seit dem 18. Jahrhundert in naturwissenschaftlichen Kreisen diskutiert. Zunächst ging dieser Idee seit dem 17. Jahrhundert das intensive Erfassen einer Fülle verschiedener Pflanzen und Tierarten sowie ihre Anordnung in einer taxonomischen Hierarchie abgestufter Ähnlichkeiten voraus. Solche Untersuchungen waren eine wesentliche Tätigkeit der Biologen, die bis ins erste Drittel des 19. Jahrhunderts vorrangig Phänomene beschrieben. Carl von Linné kompilierte von 1735 bis

1774 mehrere Systeme der Tier- und Pflanzenwelt sowie des Reiches der Mineralien; und Buffon hatte mit seiner 44bändigen *Histoire Naturelle* (1749–1804) die wohl umfangreichste Naturgeschichte eines einzelnen Wissenschaftlers verfaßt (in der auch erstmals der Artbegriff als Fortpflanzungsgemeinschaft definiert wurde). Zwar wurde weiterhin versucht, so etwa von Linné selbst, die taxonomische Ordnung der Lebewesen im Sinne der Artenkonstanz und der „scala naturae" als unveränderliches System zu interpretieren, welches den göttlichen Schöpfungsplan in der Natur zeige. Aber solche Versuche erwiesen sich als immer schwieriger. Zum einen zeigte das taxonomische System große Unregelmäßigkeiten und Asymmetrien – manche Familien waren groß, andere klein, manche Arten schienen im Vergleich zu einer anderen Art in einer Hinsicht vollkommener, in einer anderen Hinsicht unvollkommener. Dazu kam, daß es immer mehr Fälle gab, bei denen nicht einmal klar war, ob es sich um eine eigene Art oder nur eine Variante handelte. Hier nun bot sich die evolutionäre Erklärung an: War es nicht plausibler, Ähnlichkeiten als Ausdruck eines Verwandtschafts- und damit Abstammungszusammenhanges zu deuten? Selbst Linné vermutete am Ende seines Lebens, daß Gott vielleicht nur die höheren taxonomischen Einheiten, die Gattungen, und nicht die Arten einzeln erschaffen habe. Befruchtet wurden diese evolutionären Überlegungen in starkem Maße auch durch die Einsichten der Geologie, nach denen die Erde nicht vor einigen Jahrtausenden erschaffen sein konnte, sondern in ihrer jetzigen Gestalt als Ergebnis einer ungeheuer langen Entwicklung gedeutet werden mußte. Die Grundlage war der schon erwähnte Uniformitarismus, der von Charles Lyell in seinen *Principles of Geology* vertreten wurde – in jenem Buch, welches Darwin auf seiner Reise so eingehend studiert hatte. Gemäß diesem Prinzip sind historische geologische Phänomene nicht als Folge plötzlicher Katastrophen zu erklären (wie dies vor allem Georges Cuvier vertreten hatte), sondern meistens als Resultat einheitlicher, das heißt zu allen Zeiten „in Art und Weise" gleichmäßig wirkender Kräfte.

Kannte man daher die heute auf die Erdoberfläche einflußnehmenden und gestaltenden Kräfte – wie z. B. Sedimentationen, Bodenerhebungen und Erosionen –, so ließ sich die immense Zeitspanne erahnen, der es zur Bildung eines tiefen Flußtales oder eines Gebirges bedurft hatte. Damit war dann ein zeitlicher Rahmen gegeben, den eine Abstammungslehre für den Verlauf der Evolution benötigte. Zugleich gab die neue Geologie Anstoß, die Welt nicht als einmal geschaffenes, dann aber statisches Gebilde zu sehen, sondern als ein im steten Wandel begriffenes. So lag im Grunde gegen Lyells ausdrückliche Absicht auch ein Transformismus sehr nahe: Wenn die geologische Umgebung sich stetig veränderte, die Arten aber an ihre Umgebung angepaßt waren, wie konnten sie sich dann selbst einer stetigen Evolution entziehen? Lyells *Principles* seien geeignet, schreibt Darwin, „die ganze Geisteshaltung eines Menschen zu verändern“ (Brief an L. Horner vom 29. 8. 1844).

2.2. Die Unzulänglichkeit der vordarwinistischen Abstammungslehren

Trotz dieser Hinweise auf eine Evolution wurde auch im 19. Jahrhundert von den meisten Wissenschaftlern an der aristotelischen Konzeption der Artenkonstanz festgehalten, zumal es eine starke kulturelle Tabuisierung des Themas gab, die durch das damalige theologische Weltbild entscheidend bestimmt war. Diese Vorbehalte von seiten der Kirche hatten prägenden Einfluß auf die meisten Naturwissenschaftler, waren doch viele unter ihnen selbst Geistliche. Als wichtiger Grund der Ablehnung diente der Kirche der erste Schöpfungsbericht in Genesis 1, der wenigstens bezüglich Gras, Kraut und Bäumen, „großer Wale und allem Getier, das da lebt und webt, davon das Wasser wimmelt“ sowie der „gefiederten Vögel“ besagt, daß sie von Gott „ein jedes nach seiner Art“ erschaffen worden seien. Zudem wird ausdrücklich von Gottes Anweisung gesprochen, daß jede Pflanze wie jedes Tier wieder Nachkommen „nach seiner Art“ habe. Dies sprach gegen eine Abstammung der Arten voneinander. Aber diese theologischen Bedenken allein waren nicht ausschlaggebend, hinderte doch der Schöpfungsbericht weder Lyell noch viele andere Forscher, eine *evolutionäre Geologie* zu vertreten. Entscheidend für die damalige Zeit waren vielmehr drei ernstzunehmende wissenschaftliche Einwände gegen die Abstammungslehren.

Erstens fehlten empirische Belege für einen solchen Wandel oder für Übergänge zwischen verschiedenen Arten. In der Natur begegnete man stets Lebewesen, die einer Art zugehörten, oder aber Mißgeburten bzw. „Monstern“, welche in der Regel nicht lebensfähig waren. Alle Erfahrung sprach dafür, daß jedes Jungtier und jeder Keimling wieder eindeutig der Art seiner Eltern zuzurechnen war – und alle Tierzüchter beteuerten, daß ihre Züchtungen stets innerhalb der Grenzen der Stammart verblieben (ihre Erfahrungen sollten für Darwin freilich noch wichtig werden). Auch die Paläontologie hatte zwar eine zunehmende Fülle von ausgestorbenen Arten nachweisen können, war aber nie auf Übergangsformen gestoßen.

Zweitens sprachen die hohe Angepaßtheit der Lebewesen und ihre kompliziert gebauten Organe, beispielsweise das Auge, gegen eine Abstammungslehre. Die große Vielfalt der Lebewesen mit einer Fülle von speziellen Organen schien von einem weisen, planenden Schöpfer für einen jeweiligen Lebensraum und dessen Bedürfnisse eigens „gemacht“ worden zu sein; dagegen konnte die Evolutionstheorie zunächst nichts einwenden. Gerade dieses Phänomen war zum entscheidenden Nachweis einer direkten Erschaffung der einzelnen Arten (und der gesamten Welt) durch Gott und damit zu einem physikotheologischen Gottesbeweis avanciert.

Drittens, und das war für viele der gewichtigste Einwand (man erinnere sich an Darwins Worte über seinen Großvater), gab es keinerlei überzeugende Theorien über den Mechanismus des Wandels. Alle Vorschläge schienen bloße Spekulationen statt Erklärungen, wie man sie aus der Physik kannte. Diese hatte sich seit dem

17. Jahrhundert, vor allem durch die großartigen Leistungen von Galileo Galilei und Isaac Newton, als führende Wissenschaft etabliert; ihre Methoden wurden zum Modell wissenschaftlicher Erklärungen schlechthin. Ihr folgend wurde gefordert, daß ein zu erklärendes Ereignis aus vorangegangenen Ereignissen (den, wie es modern heißt, ‚Antezedensbedingungen') und allgemein gültigen Naturgesetzen abgeleitet werden muß – die heutige Wissenschaftstheorie nennt dies das deduktiv-nomologische Erklärungsmodell. Diesem zugrunde liegt ein Kausalitätsverständnis, nach dem eine Ursache als Ursprung einer Veränderung zeitlich vor einem Ereignis liegt und absichtslos zu seinem Eintreten führt. Dies war nur noch *eine* der seit Aristoteles unterschiedenen vier Typen von Ursachen; dieser hatte neben der Wirkursache, die dem modernen wissenschaftlichen Verständnis entspricht, noch eine Formal-, eine Material- und vor allem eine Zweckursache unterschieden, welche angeben soll, worumwillen es zu einem Ereignis kommt. Gerade diesen letzteren Typ, das heißt alle teleologischen Erklärungen, wies die neuzeitliche Wissenschaft zurück. Spinozas Metaphysik, wie er sie vor allem in der „Ethica" entfaltete, war der erste umfassende Versuch, philosophisch zu erfassen, was dieses neue Erklärungsverständnis für die Architektur der Wirklichkeit bedeutete. Ausgehend vom Satz des zureichenden Grundes, postulierte er, daß die ganze Wirklichkeit in streng ateleologischer, kausaler Geordnetheit letztlich auf einen ersten Grund zurückführbar sein müsse, der dann seinerseits als Grund seiner selbst, also als sich selbst begründendes Prinzip gedeutet wurde. Dieses Prinzip sei der Grund für das System der Naturgesetze (bei Spinoza entspräche dies all dem Zeitlosen, was aus den „Attributen" des ersten Prinzips folgt), die zusammen mit vorausgehenden Einzelereignissen die später folgenden Einzelereignisse, die „Modi", verursachten. Spinoza nahm damit letztlich das deduktiv-nomologische Erklärungsschema vorweg; die Wirklichkeit ist derart konstituiert, daß ein einzelnes Ereignis jeweils nur aus den Naturgesetzen zusammen mit einem weiteren vorausgehenden Ereignis erklärt werden kann

(vgl. Ethica I, 21ff.). Spinoza hatte erstmals die umfassenden Konsequenzen aus dem neuen Ursachenbegriff gezogen und damit das frühneuzeitliche Weltbild auf den Punkt gebracht – es war eine streng nach Gesetzen geordnete und bestimmte Welt, in der Wunder keinen Platz mehr hatten.

Nun wurde durch das Paradigma der Physik noch eine zusätzliche Anforderung nahegelegt, nämlich daß diese Ordnung der Welt eine mathematische sein müsse. Nach Möglichkeit sollten die Erklärungen der Wissenschaft Zusammenhänge in mathematischer Sprache erfassen. Nur das, was berechenbar war und über dessen zukünftiges Eintreten dementsprechend genaue Prognosen gemacht werden konnte, schien im strengen Sinne wissenschaftsfähig zu sein. Mit der Prognosefähigkeit eng verbunden war die weitere, für das Selbstverständnis der neuzeitlichen Wissenschaft überaus entscheidende Forderung nach der empirischen Bestätigung von Theorien. Diese Forderung verband sich vor allem mit dem sogenannten ‚verum-factum Prinzip', welches besagt, daß nur das als „wahr" anerkannt werden dürfe, was vom Menschen *praktisch* nachzumachen sei – in der Regel in einem Experiment.

Dem strengen Erklärungsbegriff und dem neuen Wissenschaftsverständnis konnte nun keine der vor Darwin entwickelten Evolutionstheorien genügen: Ihnen fehlte jede in diesem Sinne überprüfbare Angabe zu dem eigentlichen Prozeß des Artenwandels wie zu dem Mechanismus, der ihm zugrunde liegen könnte. Auf der einen Seite standen die Vertreter einer Sprung-Evolution (wie etwa Robert Chambers), die auch Saltationismus genannt wird, nach der die Nachkommen einer Art mehr oder weniger plötzlich alle Merkmale eines neuen Typs haben sollten – É. G. Saint-Hilaire prägte hierfür die berühmte Formel: „Der erste Vogel kroch aus dem Ei eines Reptils." Doch es fand sich keinerlei Erklärung der Kräfte, die für solche Sprünge oder „Transmutationen" verantwortlich sein könnten. Statt dessen wurde meist lediglich beteuert, daß so etwas stattgefunden haben müsse. Dieselbe Begründungsnot hatten letztlich auch die Vertreter der rivalisierenden Abstammungskonzeption, welche statt der Sprünge auf Grundlage des neuen Wissens um das Alter der Welt einen „transformatorischen" Evolutionsprozeß annahmen. Ihnen zufolge sollte es durch langsame, kleine Wandlungen zur Bildung neuer Arten kommen. Der wichtigste Vertreter dieser Theorie war zweifellos Lamarck, den Lyell in seinen *Principles of Geology* ausführlich diskutiert. Er vertrat folgende Thesen: (1) Es gäbe in allen Lebewesen eine Tendenz, ein inneres Streben, sich den Anforderungen ihrer Umgebung immer besser anzupassen. Tiere und Pflanzen würden so Organe und Strukturen, die sie besäßen, beständig stärken und auch neue entwickeln. Als Auslöser dieser Veränderungen vermutete er feinstoffliche Flüssigkeitsströme. (2) Es könnten die so von einem Lebewesen erworbenen Eigenschaften an seine Nachkommen vererbt werden. Lamarcks berühmtes Beispiel ist die Giraffe, die – ursprünglich mit keinem besonderen Hals ausgestattet – sich zum Überleben nach Blättern an hohen Bäumen recken mußte. Durch diesen häufigen Gebrauch sei ihr Hals ein wenig länger geworden. Die Kinder dieser Giraffe würden dann bereits mit einem etwas längeren Hals geboren. Über viele Generationen habe sich so der heutige Giraffenhals entwickelt. Die Vererbung erworbener Eigenschaften führe dazu, daß es in der Natur notwendigerweise zu einer allmählichen Entwicklung komplexerer Formen komme. Diese Höherentwicklung schien nun in Widerspruch zu der offensichtlich vorhandenen Fülle niederer bzw. wenig komplexer Organismen zu stehen. Diese Probleme wollte Lamarck dadurch lösen, daß er die beständige Urzeugung neuer, einfachster Lebewesen annahm, welche das Vakuum am Fuße der „scala naturae" immer wieder auffüllten – bis sie dann ihrerseits die Stufenleiter der Komplexität erklömmen.

Nun galt Lamarcks Vorstellung einer Urzeugung zu Beginn des 19. Jahrhunderts schon als veraltet, und auch sein spekulativer Erklärungsmechanismus auf der Basis von Flüssigkeitsströmen wurde vielfach (so auch von Lyell) als reine Spekulation zurückgewiesen. Vor allem aber entsprach das die Evolution nach Lamarck antreibende „innere Streben“ nach besserer Angepaßtheit und höherer Komplexität nicht dem neuen Kausalitätsbegriff. Ganz in diesem Sinne kritisierte Darwin in seiner „Historischen Skizze der Fortschritte in den Ansichten über die Entstehung der Arten“, die er 1860 verfaßte und ab der dritten Auflage seiner *Origin of Species* voranstellte, neben der Urzeugung vor allem, daß Lamarck „ein Gesetz fortschreitender Entwicklung“ (OS 1876, xiv) angenommen habe, also eine Art teleologischer Ursache. Die Konsequenz, welche Lyell aus dem Scheitern Lamarcks zog, war eindeutig: Obgleich er ein leidenschaftlicher Vertreter der geologischen Evolution war, lehnte er die biologische entschieden ab. Für Darwin, der stets betonte, wie sehr er Lyells Erkenntnissen verpflichtet war – „Es kommt mir immer so vor, als kämen meine Bücher halb aus Lyells Gehirn!“ (Brief an L. Horner vom 29. 8. 1844) –, drängte sich eine andere Konsequenz auf: Es galt, die bisherigen Spekulationen durch das Aufweisen eines Mechanismus des Artenwandels abzulösen. Die Erklärung mußte einerseits den Anforderungen an eine Kausalwissenschaft gerecht werden und andererseits zeigen, warum der Artenwandel zu der so beeindruckenden spezifischen Angepaßtheit der Lebensformen hatte führen können.

2.3. Darwins Kritik am Spezialkreationismus

Es ist interessant, hier kurz die Gründe zu betrachten, warum Darwin zufolge der Spezialkreationismus, den er doch ursprünglich vertreten hatte, nicht als Antwort befriedigen konnte. Zunächst sprechen gegen diesen seine geringe Erklärungsleistung – „es scheint mir nur den Sachverhalt in würdiger Sprache zu wiederholen“ (OS 1859, 133). Wenn man mit Darwin an dem Prinzip des zureichenden Grundes festhält (siehe etwa OS 1859, 123), so muß ein Verweis auf eine Einzelschöpfung durch Gott eher wie ein Abbruch der Erklärung denn als Angabe eines solchen Grundes erscheinen. Auch das (in gewissem Sinne metaphysische) Kontinuitätsaxiom, nach dem die Natur keine Sprünge mache – „natura non facit saltus", ein Satz, der Linné zugeschrieben wird und den Darwin immer wieder aufgreift –, wurde vom Spezialkreationismus nicht erfüllt, geht er doch gerade von solchen „Sprüngen" durch einzelne Schöpfungsakte, das heißt von Diskontinuitäten in der geordneten Welt aus.

Darüber hinaus lassen sich aber bei Darwin auch theologische Einwände gegen den Spezialkreationismus finden. Es wäre doch ein grausamer Gott, der etwa den Kuckuck speziell so geschaffen hätte, daß er sein Ei in das Nest anderer Vögel lege, damit sein Junges die fremden Jungtiere verdränge und dem Hungerstod preisgebe, schreibt Darwin. „Es mag nicht eine logische Ableitung sein", resümiert er, aber „es ist doch wesentlich befriedigender für meine Vorstellungskraft, [...] wenn es sich nicht um speziell eingerichtete oder erschaffene Instinkte handelt, sondern um die kleinen Folgen eines allgemeinen Gesetzes, welches der Entwicklung aller Organismen dient" (OS 1859, 174f.). Die Verantwortung, welche der Spezialkreationismus Gott für jedes Einzelereignis aufbürdet, ist in der Tat immens und verschärft das Theodizeeproblem. Es wurde daher geradezu als Entlastung Gottes gesehen, wenn dieser nur für die allgemeinen Gesetze verantwortlich wäre, aber nicht direkt für die Einzelereignisse. Das Übel sei dann, so argumentiert etwa Leibniz, nicht direkt von Gott gewollt, sondern ein negativer, aber unvermeidlicher Nebeneffekt von grundsätzlich segensreichen Gesetzen. Der zweite theologische Grund gegen den Spezialkreationismus war, daß er die Glaubwürdigkeit Gottes in Frage zu stellen schien. Wenn etwa bei einem Haustier Merkmale auftauchen, welche die wilden Arten ebenfalls besitzen, aber man dies spezialkreationistisch und nicht durch ein Abstammungsverhältnis erklären wolle, so

> „macht das aus den Werken Gottes eine bloße Täuschung und Nachäfferei; – und ich würde fast genauso leicht mit den alten unwissenden Kosmogonisten glauben, daß die fossilen Muscheln nie gelebt haben, sondern nur im Stein erschaffen wor-

den seien, um die lebenden Muscheln an der Küste nachzuahmen." (OS 1859, 120)

Die gängigen Evolutionstheorien leisteten also zu wenig, und der Spezialkreationismus schuf mehr Probleme als er löste. Eine wissenschaftliche Erklärung des Artenwandels mußte Darwin deswegen als die große Herausforderung erscheinen. Vor sie sah er sich gestellt, und ihr stellte er sich nach seiner Rückkehr von seiner Weltreise. Und das mit Erfolg: Zwischen 1836 und 1844, in den „kreativsten Jahren" seines Lebens, wie er sie in der Autobiographie nennt, entdeckte er das Prinzip der Selektion durch natürliche Auslese. Daß er um die Kraft seiner Erklärung wußte, zeigt der bereits im ersten Kapitel zitierte Brief Darwins an J. D. Hooker vom 23. 2. 1844:

„Der Himmel bewahre mich vor dem Lamarckschen Unsinn einer ‚Tendenz der Höherentwicklung', ‚Anpassungen durch das langsame Wollen der Tiere' usw. – aber die Schlußfolgerungen, zu denen ich geführt werde, sind nicht sehr weit von seinen – die Art und Weise des Wandels jedoch ist vollständig anders. Ich denke, ich habe den einfachen Weg herausgefunden (welch eine Vermessenheit!), durch den die Arten den verschiedenen Zwekken so vortrefflich angepaßt werden."

2.4. Die Entstehung der Arten durch natürliche Zuchtwahl

Ob es nun bloß ein glücklicher Zufall war, der Darwin, vermutlich im Londoner Atheneum Club, zu Malthus' *An Essay on the Principles of Population* greifen ließ, oder ob er, schon zuvor mit dessen Grundgedanken vertraut, ihre Tauglichkeit für seine Theorie überprüfen wollte: Es steht außer Frage, daß bei Malthus zum ersten Male in aller Klarheit die Einsicht formuliert wurde, daß es zu einem schonungslosen ‚Kampf ums Dasein' in der Natur komme. So sehr die politischen Konsequenzen, die Malthus aus seinen Überlegungen zog, auch abstoßen, so beeindruckend mußte für jemanden wie Darwin die Methode von Malthus sein. Erstmals wurde der geheimnisvolle Bereich menschlicher Fortpflanzung, der doch zunächst auf das engste mit den menschlichen Gefühlen verbunden ist, aus der emotionslosen Distanz wissenschaftlicher Betrachtung einer Rationalisierung unterworfen. In aller Nüchternheit wurden hier mathematische Methoden auf das Leben – und vor allem auf den Menschen – angewandt. Malthus demonstriert, wie die geometrisch anwachsende Reproduktionsrate des Menschen (das heißt, sie erhöht sich in gleichen Zeitabständen um gleiche prozentuale Zuwächse, was einer steigenden absoluten Zunahme entspricht) die von der Natur gebotenen, lebensnotwendigen Güter wie Nahrungsmittel oder Raum irgendwann übersteigen muß, da diese begrenzt sind. Selbst bei Einsatz aller Kräfte könnte die Nahrungsproduktion bestenfalls in einer arithmetischen Reihe anwachsen (das heißt um den gleichen absoluten Betrag pro Zeiteinheit, was einem abnehmenden prozentualen entspricht; dies übrigens ist seine fragwürdigste Annahme) und würde so in jedem Fall an irgendeinem Punkt in der Zukunft nicht mehr zur Ernährung aller ausreichen – das Bevölkerungswachstum werde so jeden Fortschritt stets wieder zunichte machen. Zweierlei sei hier angemerkt: Erstens, Malthus radikalisiert die Ansichten des Nationalökonomen Adam Smith über die Bedingungen des wirtschaftlichen Wettbewerbsgeschehens, indem er sie auf die Situation anwendet, in der schließlich für die vielen Nachkommen die Güter nicht mehr ausreichen. Das Auseinanderklaffen von Reproduktionsrate und verfügbaren Ressourcen muß notwendig zu einem unerbittlichen Konkurrenzkampf führen, bei dem es um Leben oder Tod geht. Zweitens weitete bereits Malthus, um die Gültigkeit seiner Annahmen zu zeigen, seinen Gedanken gelegentlich in wichtiger Weise aus. Was er hier darstelle, sei, so sagt Malthus, ein ‚Naturgesetz', gültig für *alle* Lebewesen:

„Im Tier- und Pflanzenreich hat die Natur mit der verschwenderischsten und freigiebigsten Hand die Lebenssamen weit ausgestreut. Aber sie hat im Vergleich dazu an Lebensraum und Nahrungsmitteln gegeizt, die zu ihrem Heranwachsen nötig sind. Die Lebenskeime, welche unsere Erde in sich trägt, würden, könnten sie sich frei entwickeln, im Laufe einiger Jahrtausende Millionen von Welten ausfüllen. Die Not, jenes übermächtigste, alles durchdringende Naturgesetz, hält sie aber innerhalb der vorgeschriebenen Grenzen. Die Pflanzen- und Tierarten schrumpfen unter diesem großen, beschränkenden Gesetz zusammen, und auch der Mensch kann ihm durch keinerlei Anstrengungen der Vernunft entfliehen. [...] Durch dieses Gesetz der Natur, welches Nahrung für das Leben des Menschen notwendig macht, kann die Bevölkerung niemals über die Größe anwachsen, die durch die minimale Nahrungsmenge, welche sie benötigt, vorgegeben ist. Deswegen muß durch die Schwierigkeit, Nahrung zu finden, stets eine strenge Kontrolle der Bevölkerung ausgeübt werden.“ (*On Population*, S. 71f.)

Zwar wußten schon die alten Naturtheologen, daß es in der Natur einen „Kampf“ ums Dasein gebe, von dem sie allerdings annahmen, daß er lediglich einer Balance und damit einer Harmonie im Naturgeschehen diene. Das Entscheidende bei Malthus aber war, dieses Kampfgeschehen auf *eine* Art zu übertragen. Diese Prämisse des Konkurrenzkampfes innerhalb einer Art gilt in entsprechender Weise für alle Arten. Da unsere Welt und ihre Güter begrenzt sind, kann dieser Kampf immer nur vorübergehend durch eine Steigerung der Ressourcen (etwa durch das Ausweichen auf andere Nahrungsmittel) vermieden werden. Die von Malthus herrührende Einsicht erweist sich als der erste Schritt von Darwins Erklärungstheorie, deren Struktur sich als Folge von vier Schritten darstellen läßt.

Der erste Schritt lautet: Wenn man davon ausgeht, daß (a) organische Wesen sich in einer hohen Rate vermehren und daß (b) die lebensnotwendigen Ressourcen letztlich begrenzt sind, so folgt, daß es eine Konkurrenzsituation geben muß, in der nur einige überleben können – maximal so viele, wie es die vorhandenen Ressourcen zulassen. Es handelt sich dabei nicht stets um einen Kampf im wörtlichen Sinne. Zwar kann es tatsächlich zu tatkräftigen Auseinandersetzung kommen, etwa wenn zwei „hundeartige Raubtiere in Zeiten des Mangels um Nahrung und Leben miteinander kämpfen“ (OS 1859, 47). Doch sonst wird der Ausdruck Kampf „metaphorisch“ (ebd.) verwendet; es geht um jedes Konkurrieren um knappe Ressourcen. So herrscht auch dort ein solcher – gewissermaßen stiller – „Kampf“, wo zwei Individuen einer Art versuchen, möglichst viel von einem stark begrenzten Nahrungsangebot für sich zu gewinnen. „Von einer Pflanze, welche alljährlich tausend Samen erzeugt, unter welchen im Durchschnitt nur einer zur Entwicklung kommt, kann man richtiger sagen, sie kämpfe ums Dasein mit anderen Pflanzen derselben oder anderer Arten, welche bereits den Boden bekleiden“ (ebd.).

In einem zweiten Schritt dient nun Darwin die gerade gezogene erste Schlußfolgerung – daß es einen Kampf ums Dasein gibt – ihrerseits als Prämisse. Sie wird mit einer zweiten Prämisse verknüpft, welche die Lehre aus der Erfahrung aufnimmt, daß nicht alle Vertreter einer Art vollständig identisch sind, sondern in ihren Eigenschaften (etwa in ihrer Gestalt oder in ihren Fähigkeiten) voneinander abweichen, wenn auch z. T. nur geringfügig. Es gibt die sogenannten Varianten: „Niemand glaubt, daß alle Individuen einer Art faktisch genau nach einem und demselben Modell gebildet seien“ (OS 1859, 34). Aus den beiden Prämissen folgt nun, daß in dem Kampf ums Dasein nicht alle Individuen einer Art die gleichen Überlebenschancen haben. Denn diese werden von den individuellen Unterschieden mitbestimmt. Wenn sie nicht ‚neutral‘ sind, gereichen sie ihren Trägern entweder zum Vor- oder zum Nachteil. Welcher der Fälle eintritt, wird abhängen von der Tauglichkeit des Individuums für die Auseinandersetzung mit anderen Artgenossen und von dem Dienst, den die individuellen Eigenschaften ihrem Träger beim Bestehen der jeweiligen Anforderungen (wie Klima, Nahrungsangebot oder Feinde) leisten. Es kann nicht bezweifelt werden, schließt Darwin, daß

> „diejenigen Individuen, welche irgendeinen Vorteil gegenüber anderen besitzen, sei er auch noch so klein, die höchste Wahrscheinlichkeit haben, die anderen zu überleben und wieder ihresgleichen hervorzubringen. Andererseits können wir sicher sein, daß eine auch nur im geringsten Grade nachteilige Abänderung unnachsichtig ausgelöscht wird." (OS 1859, 59)

So wird zum Beispiel unter den beiden um Nahrung konkurrierenden Lebewesen dasjenige überleben, welches am geschicktesten die vorhandene Nahrung zu fressen vermag. Man denke etwa an die Finken der Galápagosinseln, bei denen verschiedene Schnabelformen besonders für Insekten oder Körner geeignet sind, oder an einen Baum, welcher schnell in die Höhe schießen kann und so mit seiner Krone den Konkurrenten das Licht raubt. Hierin besteht die „natürliche Auslese", das Herz von Darwins Erklärung des evolutiven Mechanismus. An ihrem Ende steht jenes berühmte „survival of the fittest". Diese Formulierung H. Spencers, die Darwin von Wallace empfohlen wurde, um den irreführenden intentionalistischen Wortsinn des Begriffs „Auslese" zu vermeiden, verwendete Darwin ab der fünften Auflage der *Origin of species* von 1869: „Diese Erhaltung günstiger individueller Verschiedenheiten und Abänderungen und die Zerstörung jener, welche nachteilig sind, ist es, was ich die natürliche Zuchtwahl nenne oder das Überleben der Tüchtigsten"(OS 1876, 66).

Es ist wichtig zu betonen, daß es nicht um das bloße „Überleben" geht. Das alles Entscheidende ist der langfristige Fortpflanzungserfolg eines Individuums im Vergleich zu anderen Konkurrenten. Natürlich wird der Fortpflanzungserfolg in der Regel mit einem längeren physischen Überleben korreliert sein, beispielsweise mit der Fähigkeit, Feinden oder Krankheiten zu widerstehen, mit dem jeweiligen Klima (etwa der Trockenheit) auszukommen oder Nahrungsressourcen auszunützen. Aber dies ist nicht immer ausschlaggebend, auch andere Eigenschaften können hier entscheidend sein – die Fortpflanzungsrate einer Bienendrohne etwa hängt nicht davon ab, wie lange sie lebt, sondern allein von ihrem Erfolg bei der Königin während des Hochzeitsflugs. Warum ist die Fortpflanzung das alles Entscheidende? Dies zeigt der dritte Schritt von Darwins Argument, welcher seinerseits die natürliche Auslese als Prämisse mit diesmal zwei weiteren empirischen Annahmen verbindet: Zum einen ist es wichtig hinzuzufügen, daß es sich bei den Unterschieden zwischen den Varianten um erbliche Eigenschaften handeln kann. Denn nur dann wird man auch unter den Nachkommen jeweils die Merkmale wieder am häufigsten antreffen, die schon in der Elterngeneration vorteilhaft waren. Zum anderen kommt die Erkenntnis aus der Geologie über die sehr großen Zeiträume der Erdentwicklung hinzu, welche mithin auch für die natürliche Selektion angenommen werden können. Langfristig, und das ist der unmittelbar anknüpfende dritte Schritt von Darwins Argument, kann es so über viele Generationen zu einer immer weitergehenden Veränderung der Eigenschaften einer Art kommen. Natürliche Auslese hat zur Folge, daß durch Vererbung diejenige Variante in einer Population immer zahlreicher vertreten ist, welche ihrem Träger im Kampf ums Dasein am förderlichsten ist. Die Evolution der Lebewesen geschieht so durch den steten Umbau einer Population, durch die Zu- oder Abnahme der Anzahl der Träger einer Struktur oder Eigenschaft. Es tritt nicht, wie etwa bei Lamarck, beim Individuum selbst eine Wandlung ein, die vererbt würde, sondern dieses hat lediglich einen höheren oder niedrigeren Reproduktionserfolg. Langsam nun addieren sich die positiv selektionierten kleinen Modifikationen. Das Evolutionsgeschehen, hier sind sich Darwin und Lamarck einig, ist eine *graduelle* Transformation. In der ungeheuer langen Folge von Generationen führt der stete Selektionsdruck der jeweiligen Umwelt (oder „ökologischen Nische", wie wir heute sagen) zur Bildung immer besser angepaßter Lebewesen, die aber mit den vorausgegangenen in der Kontinuität einer Fortpflanzungskette stehen. Schließlich werden die graduellen Veränderungen so weitreichend sein, daß man vom diachronen Entstehen einer neuen Art – und dem Verschwinden einer alten – wird sprechen können.

> „Man kann sagen, daß die natürliche Auslese täglich und stündlich durch die ganze Welt jede, auch die geringste Varietät überprüft. Sie verwirft das Schlechte, bewahrt und vermehrt das Gute. Still und unmerkbar wirkt sie überall und allezeit, wo immer sich die Gelegenheit bietet, an der Vervollkommnung eines jeden organischen Wesens in bezug auf dessen organische und unorganische Lebensbedingungen. Wir sehen nichts von diesen langsamen Veränderungen, während sie vonstatten gehen, bis die Zeit uns einen Fingerzeig gibt, welche immensen Zeitalter vergangen sind. Und dann ist unsere Einsicht in die verstrichenen geologischen Zeiten so unvollkommen, daß wir lediglich erkennen können, daß die jetzigen Lebensformen sich von denen, die früher einmal lebten, unterscheiden." (OS 1859, 62)

Doch auch die neue Spezies wird nur solange bestehen, bis sich die selektionierenden Parameter ihrer Umwelt (wie etwa bei einer Klimaverschiebung) wieder verändern oder bis weitere, noch besser angepaßte Varianten aufgetreten sind und in langen Zeiträumen die bestimmenden Eigenschaften der Population erneut verändert haben.

Aber noch fehlt der vierte Schritt von Darwins Argument. Aus dem bisherigen folgt lediglich, daß eine vorhandene Art durch stete Auslese immer besser an ihren Lebensraum angepaßt sein wird und sich so in *eine* neue wandelt. Doch die Evolutionsthese setzt sich in der Regel aus zwei Thesen zusammen: erstens, daß Arten nicht konstant sind, und zweitens, daß sich eine Art in mehrere, gleichzeitig vorkommende Arten wandeln kann (nach heutigem Sprachgebrauch die ‚Speziation'). Darwin vertritt dies in aller Deutlichkeit:

„Ich glaube, daß die Tiere von höchstens lediglich vier oder fünf Vorfahren abstammen, und die Pflanzen von derselben oder noch einer geringeren Anzahl. Aus Analogiegründen würde ich noch einen Schritt weiter gehen und annehmen, daß alle Tiere und Pflanzen von einer einzigen Urform abstammen." (OS 1876, 442)

Auch für diesen Schluß bedarf es einer empirischen Zusatzprämisse, nämlich daß es Situationen geben muß, in denen die Population einer Art in den unterschiedlichen Teilen ihres Verbreitungsgebietes einem jeweils unterschiedlichen Selektionsdruck – etwa einem heißeren bzw. einem kälteren Klima – ausgesetzt ist. Diese Prämisse in Verbindung mit der, daß Anpassung zu Veränderung führt, hat dann zur Folge, daß die natürliche Auslese die ursprüngliche Art entsprechend den jeweiligen ökologischen Nischen in *verschiedener* Weise verändert und sie so allmählich in zwei oder mehrere, synchron existierende Arten aufspalten wird. Eine auf eine Inselgruppe immigrierte Finkenpopulation, so nimmt Darwin an, hat sich daher durch Unterschiede im Nahrungsangebot (Körner, Insekten) in verschiedene Arten mit nahrungsspezifischen Schnabelformen weiterentwickelt.

Doch dieser Schluß ist in der genannten Form nicht vollständig begründet. Wie gerade die Finken zeigen, muß eine weitere empirische Prämisse hinzukommen, die Darwin jedoch nicht in voller Schärfe gesehen hat. Stellen wir uns eine Population vor, die sich über ein weites Gebiet erstreckt, welches an einem Rand von einer besonderen Nahrung abhängt, die stark von dem Angebot in einem anderen Bereich abweicht. Nun wird es, selbst wenn an diesen Extrempunkten ein entsprechender Selektionsdruck herrscht, stets eine große Fülle von „Zwischenformen" geben, welche das verbindende Gebiet besiedeln, da sich durch die Fortpflanzungsgemeinschaft der ursprünglichen Art immer wieder Träger neuer Eigenschaften mit solchen Mitgliedern der Population kreuzen, die nicht diese positiv selektionierten Eigenschaften besitzen. So wird der Effekt der Auslese immer wieder durch Vermischung neutralisiert werden; die Subpopulationen können sich nicht vollständig auseinanderdifferenzieren. Darwin schreibt in diesem Sinne, daß die Rückbindung der Fortpflanzung „eine verlangsamende Wirkung" auf die natürliche Auslese ausübe und dabei „eine wichtige Rolle in der Natur spielt, die Individuen derselben Art, oder derselben Varietät, beständig und einheitlich in ihrem Charakter zu halten" (OS 1859, 75). Erst wenn sich die abweichenden Varianten lange Zeit nur noch *untereinander* kreuzen, werden sich ihre Eigenschaften so verstärken können, daß sich eine neue Varietät, dann eine Rasse und schließlich eine eigenständige Art bildet.

Der Schlüssel hierfür ist die reproduktive Abgrenzung. Diese wird – davon geht man heute aus – wesentlich durch die geographische Isolation erreicht, d.h. durch einen besonderen Selektionsdruck bei gleichzeitiger *räumlicher* Abgrenzung von den übrigen Vertretern der Population – gerade wie im Fall der Galápagosinseln. Diese konstruktive Rolle der Isolation hatte Darwin vielfach bemerkt; vor allem in seinen Notizbüchern finden wir entsprechende Überlegungen („Tiere einiger Klassen unterscheiden sich in verschiedenen Ländern in genauem Verhältnis zu der Zeit, die sie voneinander getrennt waren", D' 23). Und auch in der *Origin of species* hält er fest: „Ich zweifle nicht, daß Isolation von beachtenswerter Bedeutung für die Entstehung von neuen Arten ist" (OS 1859, 77) – aber er fügt hinzu: „Im allgemeinen neige ich dazu, anzunehmen, daß die Größe eines Gebietes von größerer Bedeutung [als die Isolation – d. V.] ist, besonders bei der Herausbildung einer Art, welche sich als fähig erweist, für eine lange Zeit zu bestehen und sich weit zu verbreiten" (ebd.). Größere Verbreitungsgebiete mit ihrem stärker abweichenden Selektionsdruck und den entsprechend größeren Populationen (mit mehr Varianten) seien letztlich wichtiger für die Speziation – nach Darwin ist also die geographische Isolation nicht nötig. Darwin hat hier die Schwere des Problems einer Rückbindung an die Fortpflanzungsgemeinschaft verkannt. Dies ist um so erstaunlicher, als er mehrmals darauf hingewiesen wurde, so von dem Ingenieur Fleeming Jenkin, welcher ausführlich argumentierte, daß einzelne Varianten sich niemals gegen die große Fülle einer Population durchsetzen könnten. Darwin reagierte, indem er statt von einzelnen Varianten nun von der Notwendigkeit einer ganzen Gruppe von Trägern einer neuen Eigenschaft ausging. Auf den Biologen Moritz Wagner, der eine eigene Theorie der Speziation durch geographische Isolation entwickelte, antwortete Darwin jedoch geradezu unwillig und blieb auch in den späteren Auflagen der *Origin* ablehnend: „Aber aus bereits angeführten Gründen kann ich mit diesem Naturforscher keineswegs darin übereinstimmen, daß Wanderung und Isolierung für die Bildung neuer Arten notwendige Momente seien" (OS 1876, 85). Es muß gegen Darwin betont werden, wie wichtig eine reproduktive Barriere zwischen den verschiedenen Subpopulationen für die Speziation ist. Auch wenn die Frage, ob es andere Möglichkeiten als die geographische Isolation für solche Barrieren gibt (die sogenannte sympatrische Speziation), in der heutigen Biologie noch nicht abschließend geklärt ist, so geht man davon aus, daß dies die wesentliche Voraussetzung ist. Sie muß daher als zusätzliche Prämisse zu Darwins Argument hinzukommen, damit die natürliche Auslese zu Speziationen führen kann.

Zusammenfassend lassen sich die Kernaussagen der vier Schritte Darwins wie folgt darstellen: Ausgehend von empirisch als nachgewiesen geltenden Voraussetzungen, nämlich dem organischen Vermehrungspotential, das heißt einer Überproduktion, und einer Begrenztheit der Güter, kommt es zu einem Konkurrenzgeschehen. In diesem haben die besser angepaßten Individuen höhere Reproduktions- und Überlebensaussichten und werden selektioniert. Erbliche Varianten sind gewissermaßen das Rohmaterial, an welchem die natürliche Auslese ansetzt. Dabei stehen Überproduktion und Selektion derart in einer antagonistischen Beziehung zueinander, daß es zu einem dynamischen, sich über lange Zeiträume ausdehnenden Prozeß kommt, welcher schließlich zu der Entstehung einer neuen Art führen kann. Nehmen wir noch die

Voraussetzung der Isolation hinzu, so kann die natürliche Zuchtwahl eine räumlich geteilte, ursprünglich aber einheitliche Population in verschiedener Weise ‚umbauen' und so zur Speziation führen.

Das Faszinierende an Darwins Lösung ist, daß in ihr im wesentlichen bekannte empirische Sachverhalte (Überproduktion, begrenzte Güter, Variation, lange Zeiträume und verschiedene Umweltbedingungen) in neuer, aber ungemein einleuchtender Weise verknüpft wurden und so zu wichtigen Schlußfolgerungen führten. Schon A. R. Wallace schreibt 1891 in seiner Rekonstruktion der Struktur des von ihm und Darwin gefundenen Erklärungsprinzips, daß dieses von drei „bewiesenen Tatsachen" ausgehe und „notwendige Schlußfolgerungen" ziehe (1969, S. 166). Darwins Erklärungen sind ebenso elegant wie einfach, daher konnten sie ihre unmittelbare Wirkung nicht verfehlen. Den drei genannten Herausforderungen an eine Evolutionstheorie bot Darwin eine Antwort an:

Zum ersten Male lag ein ausgearbeiteter, wissenschaftlicher Erklärungsvorschlag für den Mechanismus des Artenwandels vor. Gegenüber Lamarcks komplexer Abstammungslehre konnte Darwin nicht nur mehr Erfahrungstatsachen erklären, sondern besaß vor allem einen ateleologischen, kausalwissenschaftlichen Erklärungsfaktor. Zugleich gab die Theorie eine Antwort auf das Phänomen der hohen Anpassung der Organismen an ihre jeweiligen Lebensbedingungen – ein Problem, welches Darwin nicht zuletzt durch seine theologische Ausbildung als zentrale Herausforderung für jede Evolutionstheorie erschien. Es gelang ihm geradezu, diesen ursprünglich gegen die Möglichkeit einer Evolutionstheorie vorgebrachten Einwand als Argument *für* seine Fassung der Evolutionstheorie zu benutzen, da doch das Prinzip der natürlichen Auslese der besser Angepaßten eine viel überzeugendere Erklärung für die Anpassung liefert als der Spezialkreationismus. Dazu konnte Darwin die Fülle empirischer Befunde (vor allem die paläontologische Einsicht in das Verschwinden und Auftreten von Arten sowie die abgestuften Ähnlichkeiten) wesentlich überzeugender und einheitlicher erklären als der konkurrierende Spezialkreationismus. Auch die Dimension des Geschichtlichen, die für das neue historische Bewußtsein seiner Zeit von großer Bedeutung war, vermochte leicht an Darwins Evolutionstheorie anzuknüpfen, nach der ja die vielfältigen Lebensformen nur als geschichtlich entstandene adäquat zu verstehen sind. Schließlich besaß seine Theorie eine große Nähe zum Ansatz der Nationalökonomie, welche im 19. Jahrhundert zu ihrer ersten großen Blüte kam. Auch dies war sicher ein wichtiger Grund dafür, daß sie von vielen seiner Zeitgenossen so begeistert aufgenommen wurde.

2.5. „Ein einziges langes Argument" – zum Aufbau des Buches

Programmatisch ist der Inhalt des Buches bereits mit dem Titel vollständig umrissen: *Über die Entstehung der Arten durch natürliche Zuchtwahl oder die Erhaltung der begünstigsten Rassen im Kampfe ums Dasein.* Im Grunde sei das Werk „von Anfang bis Ende ein einziges langes Argument", schreibt Darwin in seiner autobiographischen Skizze (A 140) – daß es sich dennoch über rund 450 Seiten erstreckt (die nach Darwin nur eine Kurzfassung des eigentlich geplanten Werkes darstellen), liegt an der dreifachen Zielrichtung. Das Buch soll empirische Befunde dafür bringen, daß es überhaupt einen Artenwandel in der Natur gibt und daß alle lebenden und ausgestorbenen Tier- und Pflanzenarten von einer oder wenigen Stammarten abstammen. Dazu dient eine große Fülle gesammelter Fakten aus verschiedenen naturwissenschaftlichen Disziplinen wie Geologie, Paläontologie, Biogeographie, Embryologie, Physiologie und Anatomie. Ferner ist es Ziel des Buches, die natürliche Auslese als Erklärung dieses Artenwandels anzubieten. Schließlich geht es darum, die Fruchtbarkeit des Prinzips dadurch auszuweisen, daß mit seiner Hilfe die verschiedensten, sonst eher rätselhaften Phänomene eine einleuchtende Erklärung finden können.

Schauen wir kurz auf die Gliederung des Buches (wir folgen der Kapiteleinteilung der ersten Auflage – später wird von Darwin noch ein weiteres Kapitel hinzugefügt), um zu sehen, wie Darwin seine dreifache Zielsetzung verbindet und entfaltet.

Die *Orgin of species* beginnt, vielleicht überraschend für ein Werk über das Evolutionsgeschehen in der Natur, mit einem Kapitel „Veränderlichkeit im Zustande der Domestikation". Doch sollen anhand der Tier- und Pflanzenzüchtung vier Grundeinsichten gewonnen werden, die zentrale Bausteine der eigentlichen Theorie sind. Erstens gilt es festzustellen, daß es eine ungeheure Fülle von vererbbaren Abweichungen gibt, die innerhalb einer Spezies vorkommen können. All die vielen unterschiedlichen Rassen, die wir unter den kultivierten Lebewesen finden, seien allein durch die beständige Auslese von solchen kleinsten Abweichungen zustande gekommen. Der Viehzüchter, welcher die Kümmerlinge in seiner Herde nicht so sehr schätzt und sie daher zuerst schlachtet, sorgt dafür, daß sich die stärkeren vermehren können – ebenso wie der Gärtner, der immer wieder die Samen der süßesten Früchte aussät. Wie in einem Vergrößerungsglas kann so die Domestikation über lange Zeiträume durch ihren verstärkenden Effekt die natürlich vorhandenen Unterschiede vor Augen führen. Zweitens, und eng damit verbunden, geht es darum zu zeigen, daß selbst sehr abweichende Gestalten Abkömmlinge einer Grundform sein können. Darwin führt neben den Hunden vor allem die Vielfalt von Tauben an, die so überaus unterschiedlich sind und doch alle von einer ursprünglichen Felsentaubenart abstammen sollen (OS 1876, 17). Hier geht es darum, allgemeine Vorurteile abzubauen: „Man frage einmal, wie ich es getan habe, einen gefeierten Züchter des [kurzhornigen – d. V.] Herefordrinds, ob nicht sein Vieh von Langhornrindern abstamme oder beide von einem gemeinsamen Elternstamm, und er wird sich kaputtlachen" (OS 1876, 21). Am Beispiel der Domestikation wird, drittens, das Modell des Mechanismus erstmals vorgestellt, welches dem Artenwandel in der Natur zugrunde liegt: die Auslese. Darwin konnte zwar nicht direkt zeigen, wie in der Natur neue Varietäten oder Arten zustande kommen, wohl aber daß es durch eine künstliche Auslese zur Herausbildung neuer Varietäten kommt. Dies Ergebnis wird dann Grundlage für einen Analogieschluß auf die Artentstehung in der freien Natur im vierten Kapitel: So wie der Mensch als Züchter unter den natürlichen Abweichungen die jeweils für seine Zwecke geeignetsten Pflanzen und Tiere zum Überleben und Fortpflanzen auswähle und so durch Fortzüchtung neue Varietäten hervorbringe, so führe die natürliche Auslese zu neuen Varietäten und schließlich Arten in der Natur. Die menschliche Züchtung durch Auslese sei zwar, im Unterschied zu dieser, zielgerichtet, das Geschehen aber dennoch analog. Noch eine vierte Einsicht wird im ersten Kapitel behandelt: die Ursachen erblicher Abweichungen. Darwin sieht im wesentlichen zwei Quellen für die Vielfalt erblicher Unterschiede, nämlich einerseits die sexuelle Fortpflanzung (er weist darauf hin, daß sich durch vegetative Vermehrung entstandene Pflanzen nicht von ihren Stammpflanzen unterscheiden) und andererseits die Umwelt mit ihren Einflüssen (er erwähnt beispielsweise den Kleinwuchs durch magere Böden oder die Färbung des Gefieders durch das Futter). Mit der letzten Möglichkeit der Vererbung erworbener Eigenschaften erweist er sich – ganz im Gegensatz zum Stand der heutigen Vererbungslehre – als Lamarckist. (Erst August Weismann, der Entdecker der Keimbahn, zeigte nach 1880, daß solch eine Vererbung unmöglich ist; deswegen wurde er auch als der erste wirkliche Darwinist bezeichnet.) Man wird hier Darwin zugute halten müssen, daß er immer wieder betont, die Gesetze der Vererbung seien letztlich noch gänzlich unbekannt: „Unsere Unkenntnis der Gesetze der Variation ist fundamental" (OS 1859, 120; ein Satz, der in keiner der späteren Ausgaben revidiert wird).

Im zweiten Kapitel, welches „Variations under nature" heißt, wird vor allem der klassische Artbegriff in Frage gestellt. Gibt es überhaupt eindeutige Kriterien, um Arten von bloßen Abweichungen, von Varietäten oder Rassen zu unterscheiden? Darwins Antwort ist eindeutig: Jede Grenzziehung ist künstlich.

> „Und ich erachte Abweichungen, welche zu irgendeinem Grade stark und bleibend sind, als Schritte zu deutlicher abgegrenzten und dauerhaften Varietäten, und diese wiederum als zu Unter-Arten führend und schließlich zu Arten. [...] Durch diese Bemerkungen wird klar sein, daß ich den Begriff ‚Art' als einen künstlichen erachte, eingeführt aus pragmatischen Gründen allein, um eine Klasse von Lebewesen zu bezeichnen, die einander ähneln, und daß er sich nicht wesentlich vom Begriff einer ‚Varietät' unterscheidet, der weniger klar abgegrenzten und mehr schwankenden Formen gegeben wird." (OS 1876, 43)

Dies ist der grundlegende Angriff auf den klassischen Artbegriff, der aus der Idee eines graduellen Artenwandels, wie sie Darwin entwickelt, fast zwingend folgt. Die Lebensformen stehen in einer sich verzweigenden Kontinuität, so daß jede Einteilung etwas Willkürliches haben muß. Es wurde so immer wieder darauf hingewiesen, daß Darwin seinem Buch eigentlich einen falschen Titel gab, wenn er es „Die Entstehung der Arten" nannte, markiert es doch geradezu die Ablösung des alten Artbegriffs. Es hätte richtiger „Vom Ende der ‚Arten'" heißen sollen. Denn hier wird in entscheidender Weise auch in der Biologie das eidetische Denken (welches den Artbegriff essentialistisch deutete) durch das neue naturgesetzliche Denken abgelöst. Nach Henri Bergson ist das der zentrale Unterschied zwischen alter und moderner Philosophie und Wissenschaft: Ein vermeintlich eidetischer Zusammenhang wird auf einen naturgesetzlichen Wirkmechanismus zurückgeführt. „Endlich werden wir frei sein", jubelt Darwin in seinem letzten Kapitel geradezu, „von der vergeblichen Suche nach der unentdeckten und unentdeckbaren Essenz des Begriffs der ‚Art'" (OS 1859, 344).

Nachdem in den ersten zwei Kapiteln entscheidende Bausteine für die Theorie der natürlichen Auslese bereitgestellt wurden (wie wichtig diese Absicherung der Theorie für Darwin war, zeigt sich auch daran, daß er sie später in *The variation of animals and plants under domestication* noch in viel größerer Breite diskutiert), führt Darwin nun im dritten Kapitel unter Verweis auf Malthus den Kampf ums Dasein ein, das Zentrum des Evolutionsmechanismus. Dessen Grundidee wurde ja bereits oben skizziert. Hingewiesen werden sollte aber auf einen wichtigen Gedanken dieses Kapitels, der fast nur im Vorübergehen angefügt, doch von weitreichender Bedeutung ist. Darwin untersucht hier, wie die verschiedensten Umweltbedingungen den Konkurrenzkampf mitbestimmen, und schafft so die Grundlage eines kausalwissenschaftlichen Verständnisses der Beziehungen zwischen verschiedenen Organismen untereinander und zu ihrer Umwelt: Die Evolutionstheorie erweist sich als Grundlage für die Ökologie (ein Begriff, den der begeisterte Darwinianer E. Haeckel 1866 einführte). Bei Darwin lesen wir in einer berühmten Passage, wie die Anzahl von Katzen in einer Region über die Zahl roter Kleepflanzen (Trifolium pratense) entscheidet.

> „Nur Hummeln besuchen den roten Klee, da andere Bienenarten nicht an den Nektar dieser Blumen gelangen können. [...] Daher kann man es als wahrscheinlich annehmen, daß, wenn die ganze Gattung der Hummeln in England sehr selten oder sogar ausgerottet würde, auch [..] der rote Klee sehr selten oder gänzlich verschwinden würde. Nun hängt die Zahl der Hummeln in einer Gegend in erheblichem Maße von der Anzahl der Feldmäuse ab, die deren Waben und Nester zerstören. [...] Die Zahl der Mäuse aber ist ihrerseits, wie jeder weiß, durch die Zahl der Katzen bestimmt." (OS 1876, 60)

Darwin dachte holistisch: Alle Mitglieder einer biologischen Lebensgemeinschaft sind miteinander verbunden und befinden sich gewissermaßen in einem dynamischen Gleichgewichtszustand.

Ändern sich die Randbedingungen, etwa durch den Rückgang der Katzenhaltung, so wird sich dieses ganze Gleichgewicht ebenfalls verschieben. Nicht nur der vormals starre Artbegriff, sondern auch die alte, etwa von Linné vertretene Annahme einer statischen Ökonomie und Ordnung im Naturgeschehen, welche aus der Hierarchie ausbalancierter Kräfte resultierten sollte, wird so von Darwin auf kausale Wirkmechanismen zurückgeführt und durch ein dynamisches, also in der Zeit sich wandelndes Geschehen abgelöst. Dabei sind die beiden dynamischen Prozesse in wechselseitiger Abhängigkeit verknüpft: Der evolutive Artenwandel führt zu Anpassungen an veränderte ökologische Bedingungen, diese wiederum ändern sich in der Folge neuer Arten.

> „Aus den vorangegangenen Bemerkungen läßt sich ein Schluß von höchster Wichtigkeit ziehen, nämlich daß die Struktur jedes organischen Wesens in der entschiedendsten, wenngleich oft in verborgener Weise mit der aller anderen organischen Wesen in Beziehung steht, mit welchen es in irgendeinem Wettbewerb um Nahrung oder Wohnraum tritt oder vor denen es fliehen muß oder welche es selbst jagt." (OS 1876, 62)

Das vierte Kapitel über die natürliche Auslese ist das Zentrum des ganzen Buches. Die Einsichten aus der Domestikation werden nun auf die Natur übertragen – statt des Menschen als Züchter entscheidet hier die bessere Angepaßtheit bzw. der durch die jeweilige Umwelt ausgeübte Selektionsdruck, über den eine Abänderung ausgelesen wird. Dabei erörtert Darwin mit (in späteren Auflagen zunehmender) Ausführlichkeit die Frage nach der Legitimität dieses Analogieschlusses. In dem einen Fall handelt es sich um ein mehr oder weniger bewußtes Auslesen durch den zielgerichtet handelnden Menschen, in dem anderen Fall um ein Geschehen, in dem kein zwecksetzender Ausleser steht. Darwins zentrales Argument für die Übertragbarkeit des Modells ist, daß nicht das bewußte, zweckorientierte Handeln des Züchters entscheidet, sondern allein die Vorteile, welche bestimmte Abweichungen ihrem Träger verschaffen. (So hatte Darwin schon im ersten Kapitel unter dem Stichwort „unbewußte Zuchtwahl“ angeführt, daß der Mensch z.T. ohne bewußtes Ziel durch bloße Vorlieben über Generationen Auslese betreibt.)

Ausgehend von dem erklärungsbedürftigen Phänomen des Geschlechtsdimorphismus bei vielen Tieren führt Darwin im vierten Kapitel ebenfalls die „geschlechtliche Auslese“ ein – neben künstlicher und natürlicher Auslese der dritte Mechanismus des Artenwandels. Oft ist es nur dem Sieger eines Wettkampfes gestattet, sich fortzupflanzen. So kämpfen z.B. Hähne oder Hirsche mit ihren Sporen bzw. ihrem Geweih um den Besitz eines Weibchens, welches dann dem Gewinner des Kampfes zufallen wird, während ein Vogelmännchen seines schöneren Gesanges oder Gefieders wegen von einem Weibchen auserkoren wird – bei diesen Arten wählt das Weibchen. Hier werden Eigenschaften selektioniert, die nicht unbedingt einer besseren Angepaßtheit an die Umwelt entsprechen, sondern lediglich artinternen Kriterien wie der Überlegenheit über einen männlichen Rivalen dienen. Besonders bei der Evolution des Menschen wird Darwin der geschlechtlichen Zuchtwahl eine wichtige Rolle zusprechen. Aber dazu schweigt er in dem hier besprochenen Werk noch.

Im fünften Kapitel behandelt Darwin die „Gesetze der Vererbung“. Aus heutiger Sicht ist dies sicher der unbefriedigendste Teil des Buches, vor allem wegen seines schon erwähnten Lamarckismus hinsichtlich der Vererbung erworbener Eigenschaften. Dieser verstärkte sich noch mit den Jahren; im sechsten Kapitel fügte er noch eine ausführliche Passage über die Wirkungen des Gebrauchs und Nichtgebrauchs einiger Körperteile hinzu. Ein wichtiger Grund hierfür waren die Berechnungen des Physikers William Thomson (des späteren Lord Kelvin), welcher die Erde aufgrund ihrer niedrigen Temperatur für maximal 200 Millionen Jahre alt und so für wesentlich jünger hielt, als es die uniformistische Geologie berechnet hatte. Damit drohte Darwin die für seine Theorie notwendige

Zeit zu fehlen (erst nach der Entdeckung der Radioaktivität wußte man, daß sich Kelvin geirrt hatte). Eine Betonung der Vererbung erworbener Eigenschaften war Darwins Antwort, da diese eine erhebliche Beschleunigung des Wandlungsgeschehen der Arten zu erlauben schien.

Selbst wenn die Einzelerklärungen Darwins im fünften Kapitel unterdessen zumeist verworfen sind, so ist es interessant zu sehen, wie er auch im Fall der Vererbung beharrlich an dem Prinzip des zureichenden Grundes festhielt. Es muß eine – daran bestand für Darwin kein Zweifel – materielle sowie gesetzlich geordnete Grundlage für das Vererbungsgeschehen, aber auch für die Variationen bestehen (z. B. hält er die stärkere Neigung zu Veränderungen selbst für vererblich).

Das sechste Kapitel enthält die Frucht der langen Jahre, in denen sich Darwin mit Reichweite und Grenzen des von ihm gefundenen Prinzips auseinanderzusetzen hatte. Hier trägt er alle möglichen (und in späteren Ausgaben zusätzlich die tatsächlich erhobenen) Einwände gegen seine Theorie zusammen und versucht auf sie zu erwidern. Zwei Problemkreise nehmen dabei den größten Raum ein: Zum einen sind die Übergangsformen oft nicht nachweisbar, so daß tatsächlich Sprünge zwischen verschiedenen Arten zu bestehen scheinen. Hier müssen die langen Zeiträume und die natürliche Auslese erklären, daß so viele der Zwischenformen spurlos verschwunden sind. Zum anderen gibt es die große Schwierigkeit, das graduelle Entstehen so wunderbar vollkommener und komplexer Organe zu erklären. Der Schwere des Problems ist sich Darwin bewußt: „Wenn gezeigt werden könnte, daß es irgendein komplexes Organ gibt, welches nicht möglicherweise durch zahllose, sukzessive und kleine Modifikationen entstanden sein kann, dann würde meine Theorie völlig zusammenbrechen“ (OS 1859, 136). Darwin gesteht zu, daß wir oft die Übergangsformen nicht kennen, dennoch sollten wir extrem vorsichtig sein, zu folgern, daß ein bestimmtes Organ nicht durch solche Übergänge habe entstehen können. Als eine mögliche Erklärung bietet sich nach Darwin das

Prinzip des Funktionswechsels an: Aus der Schwimmblase einiger Fische, die urprünglich durch verschieden starke Füllung mit Luft dem Aufsteigen und Sinken im Wasser diente, entstand durch Funktionswechsel ein Atemorgan. Da, wo also alle graduellen Vorstufen eines komplexen Organes funktionsuntüchtig und damit ohne selektiven Vorteil zu sein scheinen, könnte sich zunächst ein vorteilhaftes anderes Organ gebildet haben.

Das siebte Kapitel handelt von den Instinkten, die ebenfalls durch den Mechanismus der natürlichen Auslese erklärt werden. Darwin sieht sie zu Recht als erblich festgelegte Verhaltensmuster, die so wie körperliche Eigenschaften für den Kampf ums Dasein mehr oder weniger günstig sind. Auch in diesem Kapitel dienen domestizierte Tiere und ihre jeweiligen Instinkte – etwa das Verhalten verschiedener Hunderassen – als Beispiele, vor allem aber erörtert Darwin den Fall staatenbildender Insekten. Diese stellen seine Theorie vor ein großes Problem, ja vor die größte Schwierigkeit überhaupt, wie er freimütig bekennt. Es gibt in einem solchen Staat sehr viele Individuen, welche sich nicht fortpflanzen, etwa die geschlechtslose Kaste der Ameisenarbeiter. Wie konnte sich ihr Verhalten durch natürliche Auslese allmählich herausbilden, da sie sich ja niemals fortpflanzen? Alle Instinkte wie alle anderen Eigenschaften, die in der Evolution entstanden sind und erhalten wurden, müssen seinem Träger letztlich von Nutzen sein, könnten sie sich doch sonst nicht durchsetzen. Was aber nützt der geschlechtslosen Ameise, daß sie der Königin ihres Staates bei der Fortpflanzung dient? Darwins tiefe Überzeugung von der Richtigkeit des Selektionsprinzips läßt ihn zu folgender Antwort kommen: Diejenige Königin, welche in der Lage gewesen ist, Eier zu legen, aus denen geschlechtslose Ameisen mit Arbeiterinstinkten schlüpften, habe einen Selektionsvorteil gegenüber anderen Königinnen besessen. Darwin betrachtet also den ganzen Staat als Einheit der Selektion – die Arbeiterinnen sind, so könnte man dies illustrierend sagen, die bestens angepaßten, externen Gliedmaßen der Königin (allerdings ist es nicht ganz eindeutig, wie hier Darwin zu lesen ist. Man könnte ihn auch so deuten, daß die Königin selbst nur ein Reproduktionsorgan der Einheit ist). So faszinierend an dieser Antwort auch Darwins Versuch ist, nach Auflösung der Artgrenzen hier sogar die Grenzen des individuellen Organismus aufzuweichen, so wird sie dennoch heute nicht mehr akzeptiert. Wie wir durch die Soziobiologie wissen, profitieren die Gene der Arbeiterinnen eben doch davon, daß sie keine eigenen Nachkommen, sondern möglichst viele Geschwister haben. (Aber immerhin hat Darwin erkannt, daß in diesem Falle der Verwandtschaftsbeziehung innerhalb des Staates eine entscheidende Rolle zukommt.)

Im Zusammenhang mit den staatenbildenden Insekten fügt Darwin noch eine Überlegung an, welche von großer Reichweite sein sollte: das ‚Ökonomieprinzip'. Er entwickelt dies am Beispiel des Wabenbaus der Honigbiene. Verschiedene Bienenarten stellen die unterschiedlichsten Waben her, von den plumpen Höhlen der Hummel bis zum nahezu vollkommenen Hexagon der Hausbiene. Aber an dieser Leistung ist nichts Unerklärliches; sie ist deswegen von der natürlichen Selektion ausgelesen, weil sie mit der geringsten Wachsmenge den größten Effekt – das heißt stabile Waben – zu erzielen vermag. Die Produktion des Wachses ist ein energieaufwendiges Geschäft; Darwin verweist auf Aussagen von Züchtern, daß es etwa 15 Pfund Zucker als Futter für Bienen bedürfe, um sie ein Pfund Wachs erzeugen zu lassen.

> „Die Motivationskraft des Prozesses der natürlichen Selektion war die Ökonomie des Wachses; der individuelle Schwarm, welcher am wenigstens Honig dafür verschwenden mußte, um Wachs zu sekretieren, war am erfolgreichsten. Er übertrug diesen neu erworbenen ökonomischen Instinkt durch Vererbung auf neue Schwärme, welche dann ihrerseits die besten Chancen hatten, im Kampf ums Dasein zu überleben." (OS 1859, 169)

Es ist dieses Prinzip einer Nutzenmaximierung der Energie und anderer Ressourcen, welches in unserem Jahrhundert dann einen entscheidenden Ansatzpunkt für die Mathematisierung der Evolutionstheorie bilden wird. Darwin nutzt es, um neben solchen Leistungen wie die Bienenwaben auch das Phänomen retrograder Evolution zu erklären, das heißt die Zurückbildung nutzloser Strukturen. Im dreizehnten Kapitel, in dem es auch um rudimentäre Organe geht, erklärt er mit diesem Prinzip etwa die Rückbildung der Flügel bei Vögeln, welche in einer Umwelt leben – etwa auf einer Vulkaninsel –, wo sie nicht zu fliegen brauchen (OS 1859, 323/324).

Im achten Kapitel geht es um Bastarde zweier verschiedener Arten: Wenn man zum Beispiel eine Eselstute und einen Pferdehengst kreuzt, so sind die Kinder Maulesel, die sich untereinander nicht weiter fortpflanzen können. Nun bereitete diese Unfruchtbarkeit für Darwin insofern keine Schwierigkeit, als er ja nicht davon ausging, daß neue Arten aus der Kreuzung alter Arten entstünden (wie dies etwa der alte Linné vorgeschlagen hatte), sondern vielmehr aus ihrer Aufspaltung. Daß aber verschiedene Arten doch gelegentlich kreuzbar sind und sogar manchmal fruchtbare Nachkommen haben können, hatte der Spezialkreationismus als Laune Gottes deuten müssen. Darwin fand statt dessen hier zusätzliche Evidenz für seine Ergebnisse: Durch die langsame Entwicklung auch des Fortpflanzungssystems in der Evolution würde dieses sich nur allmählich von dem einer anderen, ursprünglich sehr nahen Art (oder Varietät) entfernt haben, so daß die zunächst noch vorhandene Kreuzbarkeit nicht in jedem Falle gänzlich verlorenginge. Diese Beobachtung war ganz im Sinne der Theorie, zeigte sie doch, daß es keinen fundamentalen ontologischen Unterschied zwischen verschiedenen Arten gibt.

Die Lückenhaftigkeit der geologischen Forschungsergebnisse stellte für Darwin eine große Herausforderung dar und wird deswegen im neunten Kapitel ausführlich behandelt. Wenn die Arten in einem graduellen Wandel entstanden sein sollen, so der Einwand der Paläontologen, wieso finden sich dann bei den Versteinerungen keine Zwischenformen, sondern immer nur Zeugnisse klar abgrenzbarer Arten? „Die Geologie zeigt uns keineswegs eine ununterbrochen aneinandergereihte Folge von organischen Wesen, und dies ist vielleicht der offensichtlichste und schwerste Einwand, der gegen meine Theorie erhoben werden kann“ (OS 1859, 201). Neue Arten scheinen plötzlich in der Erdgeschichte aufgetaucht zu sein, für lange Zeiträume ohne große Veränderungen gelebt zu haben, so daß sich ihre versteinerten Überreste in den Gesteinsschichten einer langen Erdepoche finden, und plötzlich verschwunden zu sein, so daß in jüngeren Gesteinsschichten keinerlei Spuren von ihnen mehr vorhanden sind – abgesehen von den wenigen ‚lebenden Fossilien‘ (wie sie schon Darwin nannte). Dieser Befund steht zunächst in großem Widerspruch zu dem, was Darwins Erklärung der Evolution impliziert, würde man doch eher kontinuierlich sich wandelnde Formen erwarten und vor allem auch solche, die Wegscheiden zwischen später stark unterschiedenen Formen darstellen. Aber man war auf solche noch nicht gestoßen – entsprechend hatte Darwin in der ersten Auflage der *Origin of species* den Ausdruck „missing links“ für solche Zwischenformen geprägt. Darwin muß sich darauf beschränken, gute Gründe für das Fehlen einer paläontologischen Evidenz anzuführen. Seine wichtigsten Argumente sind, daß Tiere und Pflanzen nur sehr selten unter günstigen Umständen Fossilien hinterlassen könnten und es darüber hinaus großen Glücks bedürfe, solche steinernen Zeugnisse zu finden. Dazu komme noch ein weiterer Umstand (den Ernst Mayr in diesem Jahrhundert stark betonen wird), nämlich daß es von diesen Zwischenformen weniger Exemplare gebe; erst die sehr gut angepaßten Arten am Ende einer Entwicklung könnten sich wieder stark vermehren und ausbreiten, weswegen es sehr viel wahrscheinlicher sei, ihre Spuren zu finden. Schließlich seien erst wenige Gebiete geologisch erforscht; die Zukunft, so hoffte Darwin, werde noch viele Zeugnisse ans Licht bringen. Es ist nicht verwunderlich, daß Darwin begeistert war, als von Meyer 1861 im Solnhofener Plattenschiefer den „Urvogel“ (Archäopteryx) fand. Dieser wies sowohl Eigenschaften der Reptilien als auch der

Vögel auf und konnte so als ein „missing link" zwischen zwei Wirbeltierklassen gedeutet werden. „Kaum ein Fund aus jüngster Zeit zeigt uns eindrücklicher als dieser, wie wenig wir bis jetzt von den ehemaligen Bewohnern der Welt wissen", schreibt Darwin in späteren Auflagen seiner *Origin* (OS 1876, 297). Bei unserem jetzigen Wissen Schlüsse über die Vergangenheit zu ziehen, sei, wie er bildhaft vor Augen stellt, vergleichbar mit einem Naturforscher, der an einer kargen Küste Australiens für fünf Minuten anlegt und dann ein Urteil über die Zahl und Klassifikation der Lebewesen dieses Landes abgeben will (OS 1859, 219).

Unmittelbar an diese Überlegungen schließt das zehnte Kapitel an, in welchem Darwin die geologische Aufeinanderfolge organischer Wesen untersucht. Das Verschwinden von Arten und ganzen Gruppen in der Erdgeschichte kommt hier zur Sprache, welches nach der Theorie der natürlichen Auslese keineswegs erstaunlich ist, sondern notwendig folgt: „Das Erscheinen neuer Formen und das Verschwinden von alten Formen [...] hängen zusammen" (OS 1876, 309). Es bedarf daher keiner besonderen Katastrophentheorie, um das Aussterben von Arten zu erklären. In diesem Kapitel betont er auch die Unumkehrbarkeit evolutionärer Entwicklungen: Eine verschwundene Art kann niemals wiederkehren, gehen doch mit jeder evolutiven Entwicklung ebenso Eigenschaften verloren wie neue gewonnen werden. Zugleich folgt daraus die Einmaligkeit jeder Art. Zwar mag ein ähnlicher Selektionsdruck zu Lebewesen führen, welche eine analoge Angepaßtheit an einen vergleichbaren Lebensraum zeigen, aber da jede Art sich stets aus einer anderen entwickelt hat, wird sie viele Eigentümlichkeiten von dieser weitertragen, und es ist höchst unwahrscheinlich, daß diese auch bei einem Organismus mit einer anderen Ahnenreihe auftreten.

Kapitel elf und zwölf behandeln die geographische Verteilung von Organismen auf der Erde. Nach Darwin entstehen neue Arten ja an einem Ort und breiten sich von dort aus. Wie verteilen sie sich über die Erde und haben Verwandte an weit entfernten Orten, die oft durch Meere getrennt sind? Ausführlich erörtert Darwin, wie Pflanzensamen etwa in einem Erdklümpchen an dem Fuß eines Vogels verbreitet werden können, wie kleine Tiere auf Treibholz an ferne Küsten gespült werden, oder er berichtet von seinen Experimenten, in denen er die Keimfähigkeit verschiedener Samen untersuchte, die er zuvor für längere Zeit in Seewasser gelegt hatte. Es galt aber auch zu erklären, wieso nah verwandte Arten in ganz verschiedenen Gegenden der Welt zu finden sind (man denke z. B. an die Beuteltiere in Australien und das Opossum in Amerika), ohne daß es dazwischenliegende Landverbindungen gäbe, auf denen sie oder Verwandte anzutreffen wären. Obgleich Darwin die von Alfred Wegener erst in diesem Jahrhundert erkannte Kontinentalverschiebung als Erklärung noch nicht zur Verfügung stand, finden sich in den beiden Kapiteln viele Hypothesen, welche auch noch heute als gültig erachtet werden. So vermutete Darwin zu Recht, „wo sich heute die See erstreckt, mag in einer früheren Erdepoche eine Landbrücke Inseln oder sogar Kontinente verbunden haben" (OS 1859, 254). Eine wichtige Rolle spielen nach ihm die Eis- und Wärmezeiten, welche die Flora jeweils verschoben hätten, so daß zum Beispiel Pflanzen, die vormals den kalten Norden besiedelten, mit den Eismassen bis zu den heutigen Alpen oder Pyrenäen gelangten. Dem Rückzug des Eises folgend, wurden sie dann einerseits in ihrer ursprünglichen Heimat im Norden erneut heimisch, während sie andererseits in den kühleren Gebirgsregionen verblieben – aus den dazwischenliegenden Landmassen jedoch wieder verschwanden.

Im dreizehnten Kapitel mit der Überschrift „Gegenseitige Verwandtschaft organischer Wesen; Morphologie; Embryologie; Rudimentäre Organe" wendet sich Darwin zunächst der Taxonomie zu. Die Evolutionstheorie mit der Annahme von Abstammungsbeziehungen zwischen den Tier- und Pflanzenarten kann Grundlage einer neuen Klassifikation der verschiedenen Organismen sein; die Trennlinie zwischen Gruppen wird dabei nicht eigentlich durch neue Eigenschaften, sondern durch das Aussterben von Zwischenformen gezogen. Darwin schlägt also vor – und das ist das grundsätzlich Neue an seiner Herangehensweise –, daß wir auf die Vergangenheit schauen, um gegenwärtige Arten zueinander in Beziehung zu setzen.

> „Wir können verstehen, warum wir einige Ähnlichkeiten mehr als andere beachten, warum wir rudimentäre und nutzlos gewordene Organe oder andere, die physiologisch unbedeutend sind, berücksichtigen, warum wir beim Aufsuchen der Beziehung zwischen Gruppen analoge Mermale oder Anpassungsmerkmale verwerfen und doch dieselben Merkmale innerhalb einer Gruppe berücksichtigen. Wir können klar sehen, warum alle lebenden und ausgestorbenen Formen in wenigen großen Klassen angeordnet werden können und warum die verschiedenen Glieder jeder Klasse in der verwickeltsten und strahlenförmig auseinandergehenden Verwandtschaftlinie miteinander verbunden sind." (OS 1876, 396 f.)

Besonders für die rudimentären Organe, wie etwa die Knochen im Hinterleib des Wales, welche wohl die verkümmerten Reste vormaliger Hinterbeine sind, bietet Darwins Theorie eine wesentlich überzeugendere Erklärung als jede Vorstellung einer direkten Erschaffung der Arten. Da sie nach der Wahl des Wassers als neuen Lebensraums nutzlos geworden waren, gab es einen Selektionsdruck zu ihrer Reduzierung: Sie waren ihrem Träger nur noch hinderlich und bedurften zu ihrer Ausbildung und Erhaltung eines großen unökonomischen Energieaufwandes. Eine weitere zentrale Evidenz für die Theorie (wohl die stärkste des ganzen Buches) sieht Darwin zu Recht in den Homologien (also den Übereinstimmungen hinsichtlich der Lage und Struktur, jedoch nicht hinsichtlich der Funktion) zwischen Körperteilen verschiedener Arten; diese sind nur bei Annahme einer gemeinsamen Abstammungslinie plausibel.

„Was kann es Eigentümlicheres geben, als daß die Hand des Menschen, zum Greifen geformt, die des Maulwurfes, zum Graben geformt, das Bein des Pferdes, die Ruderflosse der Seeschildkröte und der Fledermausflügel alle nach demselben Modell konstruiert sind und ähnliche Knochen in relativ gleicher Position enthalten?“ (OS 1859, 309 – diese Andeutung, welche den Menschen in ein evolutionäres Gesamtbild einordnet, findet sich also schon in der ersten Auflage!)

Eine Erklärung bietet sich auch für die große Ähnlichkeit der Embryonen sehr verschiedener Arten an: Da im Embryonalstadium noch kein Selektionsdruck besteht, ist es nach der Theorie der natürlichen Auslese auch nicht zu erwarten, hier große Unterschiede zu finden. Erst nach der Geburt muß sich ein Lebewesen im Kampf ums Dasein bewähren, erst dann ist es wichtig, eine den jeweiligen Lebensbedingungen angepaßte Gestalt zu besitzen.

Das vierzehnte Kapitel ist Ort eines zusammenfassenden Rückblicks. Das lange Argument ist zu seinem Ende gekommen, und wenn auch Darwin beteuert, daß im ersten Augenblick nichts weniger einleuchtend (OS 1876, 421) sei als die Abstammunglehre, so hofft er, auf dem langen Weg den Leser durch die Fülle verschiedener Evidenzen überzeugt zu haben. Dies letzte Kapitel ist voller Zuversicht hinsichtlich einer kommenden Blüte der Biologie: Endlich müssen wir nicht mehr auf ein Lebewesen starren wie ein „wilder Eingeborener“ auf ein Schiff, als etwas, was gänzlich jenseits seines Horizonts liegt (OS 1876, 444); wir können es als funktionalen Komplex betrachten, dessen Teile alle einen Nutzen haben, wie eine großartige mechanische Erfindung, welche die Summe der Arbeit, der Erfahrung, des Verstandes und selbst der Fehler zahlloser Arbeiter ist (ebd.). In Antizipation der Kuhnschen Thesen vom Paradigmenwechsel in der Naturwissenschaft setzt Darwin sein besonderes Vertrauen in die jungen Wissenschaftler mit ihrem biegsamen Geist (OS 1876, 440), welchen er die Offenheit für die neue Theorie eher zutraut. Große Probleme bleiben noch, wie Darwin freimütig zugesteht, so etwa die Entstehung des Lebens. Stammt es von vielen oder einer Form ab? Doch selbst dann liegt hier ein Rätsel, denn es scheint genauso leicht zu sein, die Erschaffung einer Million Lebewesen wie die eines einzigen zu glauben (OS 1876, 441) – aber, unter Verweis auf Maupertuis' Grundsatz der kleinsten Ursache, sieht er hier doch in der Annahme einer einzigen Urform eine Milderung des Problems, auf dessen langfristige Lösung er jedoch zweifellos hofft. Überraschend vielleicht für ein Buch, welches wie kaum ein anderes zu einem Grundtext der Theologiekritik werden sollte, ist der versöhnliche Schluß, in dem Darwin noch einmal deutlich macht, daß eine gesetzliche Erklärung des Artenwandels durchaus mit der Annahme eines Schöpfergottes vereinbar ist:

> „Es liegt etwas Großes in dieser Sicht des Lebens mit seinen vielfältigen Kräften, nach welchen der Schöpfer einige wenige oder nur eine einzige Form ursprünglich mit dem Lebensatem erfüllt hat – und nach der sich, während dieser Planet sich nach den festen Gesetzen der Schwerkraft im Kreise bewegt, von solch einem einfachen Anfang ausgehend endlose Formen von größter Schönheit und wunderbarster Art entwickelt haben und weiter entwickeln." (OS 1859, 347, 1876, 447. Fast der gleiche Satz ist bereits am Ende der kurzen Skizze von 1842 und der Abhandlung von 1844 zu finden.)

2.6. Der Newton des Grashalms

In der *Kritik der Urteilskraft* (§ 75) von 1790 findet sich Kants berühmte Bemerkung über die Grenzen jeder kausalwissenschaftlichen Erklärung. Eine solche für das Phänomen des Lebens je erhoffen zu wollen, sei vermessen; wir könnten nicht erwarten, daß dereinst ein Newton aufstehen könne, der auch nur die Erzeugung eines Grashalms nach Naturgesetzen, die keine Absicht geordnet hat, begreiflich machen werde; sondern man müsse diese Einsicht dem Menschen schlechterdings absprechen. Doch knapp hundert Jahre später wird Ernst Haeckel ausrufen, daß – Kant zum Trotz – dieser „unmögliche Newton“ erschienen sei. Hat Darwin den Kantschen Ehrentitel verdient? Eingangs waren die wesentlichen Leitlinien für eine wissenschaftliche Erklärung genannt worden, welche die neuzeitliche Physik und maßgeblich Newton vorgegeben hatten. Nun setzte zwar eine Orientierung an diesen Leitlinien in der Biologie schon lange vor Darwin ein – es wurden, um nur einige Beispiele zu nennen, hydraulische Erkenntnisse auf Lebensprozesse angewandt, Albrecht von Haller nahm elektrische Reizversuche an lebenden Tieren vor, mit chemischen Methoden wurden Fortschritte in der Pflanzenphysiologie erreicht, und 1789 erkannte Lavoisier mit quantitativen Methoden, daß im Körper Sauerstoff gegen Kohlenstoff ausgetauscht wird. Aber die große Frage, wie es zu einem Grashalm, wie es zu Tier- und Pflanzenarten hat kommen können, war vor Darwin noch völlig im Dunkeln – abgesehen von den oben genannten spekulativen Antworten.

Darwins Ziel war es, eine Biologie ohne Spekulationen zu betreiben. Am Anfang seiner Forschung finden sich – wohl nicht ganz ohne Seitenblick auf seinen Großvater – entschiedene Bekenntnisse zu einem primär beobachtenden, induktiven Vorgehen, welches den Schritt zu einer verallgemeinernden Theorie so spät wie möglich vollzieht. In einem Brief an J. D. Hooker vom 11. 1. 1844 lobt Darwin diesen, weil er sich nicht in den leichtfertigen Spekulationen ergehe, zu denen jeder Sammler neige, und fährt fort: „Ich erachte eine starke Neigung zur Verallgemeinerung als etwas gänzlich Böses.“ Aber auch Darwin sieht natürlich, daß jede Wissenschaft ihre Daten letztlich mit einer Theorie deuten muß. So schreibt Francis Darwin über seinen Vater, daß dieser gegen Ende seines Lebens häufig gesagt habe: „Niemand kann ein guter Beobachter sein, es sei denn er ist auch aktiv im Bilden von Theorien“ (1887, Bd. I, S. 149).

Von einem induktiven Wissenschaftsideal geleitet, versuchte er für die Biologie das zu leisten, was Charles Lyell in der Geologie vollbracht hatte, als er diese inhaltlich wie formal auf das engste mit den bestehenden Erkenntnissen und Methoden der Physik und Chemie verknüpfte. Wie Lyell geht Darwin von einem streng kausalen Geschehen aus – bei diesem führt es zur erdgeschichtlichen Bildung von Formationen, bei ihm zur Bildung von biologischen Formen. Die gestaltenden Kräfte wirken in den Erklärungen beider blind und ziellos. Doch die Parallelen gehen noch weiter. Für beide erweisen sich große Zeiträume als eine zentrale Bedingung für die Tauglichkeit ihrer Erklärungen; und beide bestehen auf der zeitlos-uniformen Gültigkeit, also der Gesetzeshaftigkeit der jeweiligen Wirkkräfte. Dazu kommt, daß beide Gradualisten sind: Wie Lyell die Katastrophentheorie Cuviers ablehnt und statt dessen von einem langsamen Wandel der geologischen Formationen durch gleichförmige Kräfte ausgeht, so verwirft Darwin im Bereich der Biologie sprunghafte Entwicklungen und argumentiert für kleine Abweichungen und entsprechend einen langsamen Wandel der Arten. Der schon erwähnte Satz, daß die Natur keine Sprünge mache, ist der eigentliche Leitfaden von Darwins Forschung. Er gilt für ihn in einem umfassenden Sinne – einerseits konkret hinsichtlich des Auftretens von Varianten, andererseits allgemein als geradezu apriorische, das menschliche Forschen leitende Annahme einer durchgängig gesetzlichen Strukturiertheit der Natur, der unbelebten wie auch der belebten. Für die Biologie bedeutet dies zweierlei: erstens, daß auch jede Erklärung in der Biologie mit den übrigen Naturgesetzen der Physik und Chemie kompatibel sein muß, und zweitens, daß die natürliche Auslese selbst zu den Gesetzen dieses Typs gehört. Wie er in den späteren Ausgaben der „Origin of Species“ pointiert formuliert:

> „Ebenso schwer ist es, eine Personifizierung des Wortes Natur zu vermeiden; und doch verstehe ich unter Natur bloß die vereinte Tätigkeit und Leistung der mancherlei Naturgesetze, und unter Gesetzen die nachgewiesene Aufeinanderfolge der Erscheinungen.“ (OS 1876, 66)

Ist es Darwin tatsächlich gelungen, dem von der Physik ererbten Leitbild näherzukommen? Man wird zugestehen müssen, daß er erstmals eine Erklärung der Lebensformen und ihrer Entstehung vorlegte, die dem von der Physik überkommenen naturwissenschaftlichen Modell mit der Forderung nach einem ateleologischen Kausalmechanismus entsprach. Nach Darwin konnte dem Mechanismus des Selektionsgeschehens keinerlei Absicht zugesprochen werden: Die Natur wählt nicht bewußt aus. Deswegen ist eine Personifizierung des Naturbegriffs so problematisch, und auch von Auslese zu sprechen ist eigentlich, wie Darwin einräumt, ungeschickt („Es unterliegt aber keinem Zweifel, daß, buchstäblich genommen, natürliche Zuchtwahl ein falscher Ausdruck ist“; OS 1876, 66). Weder ist wie bei Lamarck der Artenwandel durch das Streben individueller Lebewesen verursacht (eine gewisse Ausnahme stellt hier die sexuelle Selektion dar, um die es im nächsten Kapitel gehen wird), noch ist die hohe Angepaßtheit Folge eines absichtsgeleiteten Eingreifens von außen, etwa durch Gottes leitende Hand. Hier waltet allein der sprichwörtlich blinde Zufall – „Wie leicht Zufall und göttlicher Wille verwechselt werden“, resümierte Darwin bereits 1838 in seinem Notizheft (M 126). Die entscheidende Rolle, die Darwin dem Begriff Zufall zuteilt, besteht darin, jedem zielgerichteten Erklärungsfaktor eine Absage zu erteilen. Von dem Zufall hängt es ab, auf welche Lebensumstände (und demgemäß auf welchen Selektionsdruck) ein Lebewesen trifft, welche Varianten es in der Folge der Generationen hervorbringt und ob unter diesen gerade solche sind, die einen höheren Grad der Angepaßtheit an den Lebensraum zeigen. Ist das der Fall, werden diese sich durchsetzen und zu einem Wandel der Eigenschaften der Art führen; finden sich keine solchen Varianten, so wird die Art bei hinreichender Konkurrenz schließlich von anderen Arten verdrängt werden oder aussterben. Genaugenommen bedeutet es für Darwin zweierlei, wenn er hier von Zufall spricht: erstens, daß in der Evolution nicht zielgerichtete Kräfte wirken, und zweitens, daß wir die verantwortlichen Faktoren (noch) nicht genau kennen. Die Antezedensbedingungen des Selektionsgeschehens (d.h. die jeweilige Umwelt, die vorhandenen Variationen) sind also auch in dem Sinne zufällig, daß sich ihr Eintreten vollständig unserer Vorhersagbarkeit entzieht. Am Anfang des 5. Kapitels der *Origin* schreibt Darwin: „Ich habe bisher manchmal so gesprochen, als ob Variationen [...] sich dem Zufall verdanken. Das ist aber selbstverständlich eine ungenaue Ausdrucksweise, die jedoch dazu dient, deutlich unser Unwissen über die Ursachen jeder einzelnen Variation auszudrücken" (OS 1859, 95). Der Begriff des Zufalls darf also, und das ist entscheidend, nicht in Widerspruch zu dem Anspruch einer strengen Gesetzmäßigkeit gebracht werden. Auch dort, wo wir an Grenzen unseres Wissens stoßen, bleibt nach Darwin die Welt kausal geordnet. Wir dürfen deswegen auch nicht jenseits der Grenzen unseres naturwissenschaftlichen Wissens bei irgendwelchen absichtsvollen Kräften Zuflucht nehmen.

Es ist wichtig, hier zweierlei anzumerken. Zum einen bedeutet Darwins Verzicht auf eine teleologische Erklärung keineswegs, daß es nicht mehr sinnvoll wäre, innerhalb der Organismenwelt von der Zweckmäßigkeit etwa eines Organs zu sprechen. So schreibt Darwin, daß „jedes Detail der Struktur in jedem lebenden Geschöpf [...] entweder so betrachtet werden kann, als ob es für irgendeinen Vorfahren von speziellem Nutzen war, oder als ob es jetzt für die Nachfahren dieser Form von speziellem Nutzen sei" (OS 1859, 144; vgl. allerdings unten S. 120). Entscheidend ist aber, daß in allen diesen Fällen die Zweckmäßigkeit einer Struktur auf eine ateleologische kausale Erklärung zurückgeführt werden kann, eben die natürliche Auslese.

Zum anderen ist wichtig zu bemerken, daß die Evolution als Ganzes nun auch letztlich kein Ziel mehr haben kann. Zwar wird es in ihrem Verlauf zu einer Zunahme der Komplexität bzw. Angepaßtheit kommen und *in diesem Sinne* auch zu einer Höherentwicklung:

„Rezente Formen werden in der Regel als höherstehend erachtet als die alten Formen, und sie müssen höher stehen, insofern als sie, die späteren und entwickelteren Formen, die alten und weniger angepaßten überwunden haben im Kampf ums Dasein. Sie haben in der Regel auch Organe, die eine höhere Spezialisation aufweisen." (OS 1876, 435)

Aber dieses „Höherstehen" hat wenig mit der alten „scala naturae" zu tun, die Ausdruck verschiedener *Werthaftigkeit* war. Alles, was sich sagen läßt, ist, daß eine Form mehr oder weniger angepaßt ist; aber deswegen kann man eigentlich nicht von einem höheren oder geringeren Wert sprechen. In diesem Sinne schrieb Darwin an den Rand seines Exemplars der *Vestiges of Creation* von Robert Chambers gegen dessen Annahme einer evolutionären Aufwärtsentwicklung: „gebrauche niemals die Worte höher oder tiefer" – und ähnlich hatte er, wie schon erwähnt, in seinem Notizbuch B geschrieben, daß Bienen eine ganz andere Bewertungsskala für Entwicklungshöhen anlegen würden als Menschen (B 74).

Nun ist allerdings gerade hier eine Ambivalenz bei Darwin nicht zu übersehen. Einerseits liegt es zwar zunächst in der Logik seines Ansatzes, weder Kriterien für Höherwertigkeit zu implizieren noch eine grundsätzliche Entwicklungrichtung anzunehmen, die als Maßstab für die Entwicklungshöhe dienen könnte (weswegen auch Malthus, dem ja das Grundmodell geschuldet war, als heftiger Gegner jeder Zukunftshoffnungen auftrat). Dennoch finden sich andererseits bei Darwin immer wieder deutliche Hinweise auf sein Festhalten am Konzept einer „scala naturae" (etwa OS 1876, 61, 125, 138); eine solche hierarchische Ordnung in Verbindung mit einer Abstammungslehre impliziert aber das Konzept einer Höherentwicklung, eines Fortschritts. Diese Konsequenz zu ziehen, ist Darwin durchaus willens. So stellt er in dem Schlußresümee der *Origin of species* fast euphorisch fest: „Weil die natürliche Auslese nur durch und für den Nutzen eines jeden Lebewesens wirkt, deswegen werden alle körperlichen und geistigen Ausstattungen immer mehr und mehr der Vervollkommnung zustreben" (OS 1859, 347; 1876, 446).

Einige Zeilen später spricht Darwin dann von der unübersehbaren Reihe der schönsten und wunderbarsten Formen, welche sich entwickelt haben, und so ist ausgerechnet „evolved" das letzte Wort des Buches, welches heute rückblickend als der entscheidende Abschied von jedem Fortschrittsgedanken in der Natur gewertet wird. Für Darwin sind es vor allem zwei Momente, die seinen Fortschrittsglauben begründen: Einerseits käme es im Laufe der Entwicklung zu einer Zunahme der Fülle von Lebensformen, der Divergenz (was als mögliche Entfaltungsrichtung nicht zu bestreiten ist, denn man denke daran, wie neue Organismen im komplexen ökologischen Zusammenhang der Natur ihrerseits eine neue Umwelt für weitere Lebewesen bilden können). Ein solches Prinzip der Fülle als positiv zu werten, ist eine traditionelle Auffassung, wie wir sie zum Beispiel bei Leibniz finden. Andererseits führe die Auslese zu einer immer besseren Angepaßtheit der Lebensformen, deren positive Bewertung von der theologischen Seite ja stets betont wurde.

> „Der Embryo erhebt sich im Laufe seiner Entwicklung allgemein in seiner Organisation: Ich gebrauche diesen Ausdruck, obgleich ich mir bewußt bin, daß es kaum möglich ist, klar zu definieren, was damit gemeint ist, wenn man bei einem Organismus von höher oder tiefer spricht. Aber es wird wohl kaum jemand bestreiten, daß der Schmetterling höher steht als die Raupe." (OS 1876, 405)

Dieser Darwinsche Fortschrittsglaube steht damit in der Tradition der vorherrschenden immanentistischen (also nicht auf Transzendentes verweisenden) Metaphysik seiner Zeit – man denke etwa an Comte (der Darwin stark beeindruckt hatte) und Marx (der seinerseits stark von Darwin beeindruckt war). Das 19. Jahrhundert kannte viele solche Versuche, den traditionellen Fortschrittsgedanken, ja Fortschrittsoptimismus beizubehalten und diesen mit einem Weltbild zu vermitteln, welches ohne jede Transzendenz als treibende Kraft hinter der Entwicklung auskommen sollte. Rein innerweltliche Entwicklungsprinzipien sollen einen Fortschritt garantieren, auch wenn man oft Wertmaßstäbe für diesen Fortschritt anlegte, die man der traditionellen Metaphysik entnahm. Daß sich die *Origin of species* ebenfalls im Sinne eines solchen innerweltlich erklärbaren Fortschritts deuten ließ, war sicher auch ein weiterer, wichtiger Grund für die Begeisterung, die das Buch unter seinen Lesern auslöste (wie z. B. bei Spencer oder Haeckel). Erst im folgenden Jahrhundert wird vor allem Max Weber die letzte Konsequenz ziehen und alle Wertmaßstäbe als wissenschaftsextern zurückweisen, so daß dann auch das Entwicklungsgeschehen nicht mehr als Fortschritt zu deuten ist. Der Neodarwinismus übertrug dies mit aller Deutlichkeit auf die Biologie und unterscheidet sich darin grundsätzlich von Darwin.

Experiment, Mathematisierung und Bestätigung der Theorie

Darwin führte erstmals eine ateleologische Erklärung für die Entstehung der Arten ein, aber genügt seine Erklärung auch den anderen von der Physik übernommenen Idealen, nämlich dem Anspruch einer experimentellen Überprüfbarkeit sowie der Mathematisierung der Phänomene?

Die erste der beiden Anforderungen stellte Darwin vor große Probleme. Zwar untersuchte er in vielen kleinen Experimenten die Richtigkeit verschiedener empirischer Zusatzannahmen, welche für seine Theorie vonnöten waren, aber den Kern seiner Erklärung, die Entstehung neuer Arten durch natürliche Auslese, konnte er nicht experimentell belegen. Einer experimentellen Überprüfung am nächsten kam noch die von ihm diskutierte Tier- und Pflanzenzüchtung. Deutlich spricht er das in der Einleitung von *The variation of animals and plants under domestication* aus, wo er recht ausführlich methodische Probleme diskutiert.

„Aber die ursprüngliche Variation, mit der der Mensch arbeitet und ohne die er gar nichts tun kann, ist durch kleine Veränderungen in den Lebensbedingungen verursacht, welche in der Natur oft vorgekommen sein müssen. Der Mensch, so könnte man deswegen sagen, hat ein Experiment in ungeheuer großem Maßstab durchgeführt; und es ist ein Experiment, welches die Natur während gewaltiger Zeitabläufe ohne Unterbrechung versucht hat. Daraus folgt, daß die Prinzipien der Domestikation wichtig für uns sind. Das Hauptergebnis ist, daß Organismen, die so behandelt wurden, sehr stark variieren und daß die Variationen vererbt wurden." (VAP 2/3)

Doch auch dieses ‚Experiment' genügt nicht den Anforderungen, wie Darwin einräumen muß. Einerseits bleibt es ein analoges Geschehen (hier tritt ja ein bewußtes Wesen als Ausleser auf), andererseits gelang es noch nie, durch diese Züchtung eine neue Art (im Sinne einer Fortpflanzungsgemeinschaft) von einer Stammart abzuspalten; eine Tatsache, die übrigens schon Lyell in der Auflage seiner *Principles of geology* anführt, die Darwin auf der „Beagle" las. Dies schwächte seine Theorie – wie vor allem auch die Tatsache, daß er aus der ganzen bekannten Welt der Lebewesen keinen Fall eines gerade stattfindenden Artenwandels vorzeigen konnte. Aber das bedeutete keine Widerlegung der Theorie, da Darwin eine gute Erklärung dafür vorbringen kann. Er beruft sich darauf, daß das Evolutionsgeschehen in der Natur ja auch Hunderttausende und Millionen von Jahren benötigt habe, es sich also bei der natürlichen Auslese um einen Mechanismus handele, der erst in sehr langen Zeiträumen deutlich werde und den zu überprüfen den zeitlichen Rahmen eines jeden menschlichen Experiments übersteige.

Nun konnte Darwin zwar keine kommenden Ereignisse prognostizieren, aber seiner Theorie gelang doch die Retrodiktion, d.h. Aussagen über Ereignisse in der Vergangenheit und entsprechend zu erwartende Zeugnisse solcher Ereignisse, bevor diese tatsächlich bekannt waren. Ein entscheidendes Ereignis war in dieser Hinsicht der schon erwähnte Fund des Archäopteryx, welcher gerade eine solche, nach Darwin zu erwartende Zwischenform darzustellen schien. Darüber hinaus konnte, wie schon weiter oben erwähnt, eine Fülle von Beobachtungen erstmals einfach und elegant unter einem Gesichtspunkt gedeutet werden (siehe VAP 10). In Cambridge hatte Darwin diese Forderung an eine wissenschaftliche Erklärung bei William Whewell kennengelernt; dessen Doktrin der „consilience" besagt, daß eine sehr gute Bestätigung – wenngleich nicht Verifikation – in der Fähigkeit einer Theorie liege, viele induktiv gefundene Einzelergebnisse erklärend zusammenzuführen. Für den Spezialkreationismus waren viele Funde als „facta bruta" unverbunden geblieben und mußten einfach angenommen werden. Zu Recht bemerkt hier Darwin, daß der Spezialkreationismus insofern gar nichts erklärt (VAP 7) – und nicht zuletzt solche scharfen Einwände gegen diesen stärkten seine Theorie weiter.

Das zweite Ideal der Wissenschaft, dem sich die Evolutionstheorie annäherte, welches sie jedoch nicht ganz erreichte, war das einer Mathematisierung. Immerhin gelingt es Darwin erstmals, Erscheinungen aus dem Bereich des Lebendigen in einer sinnvollen Weise mathematisch zu erfassen: Ausgehend von Malthus war es ja gerade die rechnerische Diskrepanz zwischen Reproduktionsrate und Ressourcenangebot, die zum Kampf ums Dasein führte. Und auch beim eigentlichen Selektionsgeschehen hat die Mathematik eine zentrale Stellung: Welche Variante sich durchsetzt, hängt zwar von ihrer Angepaßtheit, also einer Qualität, ab, aber dieses äußert sich doch *quantitativ* dadurch, daß sie die *meisten* Nachkommen mit derselben Eigenschaft haben wird. Aussagen über die Qualität einer Eigenschaft werden also von Quantitäten (Häufigkeiten des Auftretens) abgeleitet. Dennoch leistete Darwin selbst, der mathematisch ja nicht begabt war, keineswegs eine wirkliche Mathematisierung. Die schier unwägbare Rolle des Zufalls und die Fülle der in einen Evolutionsprozeß eingehenden Parameter, wozu z. B. die Summe aller Umweltbedingungen gehört, machten und machen es meist unmöglich, die mathematischen Modelle so anzuwenden, daß eine Prognose über Entwicklungen möglich wäre. Der Grund für eine Mathematisierung jedoch war von Darwin vorbereitet, auf dem dann in der zweiten Hälfte dieses Jahrhunderts vor allem die Populationsbiologie und Soziobiologie aufbauen konnten, die erstmals überzeugend die mathematische Fassung einiger evolutionsbiologischer Phänomene erlaubten.

Die Struktur der Darwinschen Erklärung

Wesentliche Momente, vor allem das ateleologische Ursachenverständnis, zeigen die strukturelle Verwandtschaft der natürlichen Auslese als Mechanismus der Evolution mit dem kausalen Erklärungsmodell. Schauen wir daher, wie sich Darwins Theorie der Abstammung in jene deduktiv-nomologische Form fassen läßt, die wir schon bei Spinoza angelegt fanden.

Der erste Schritt seines Arguments kann wie folgt rekonstruiert werden: Die Ausgangssituation ist, daß es eine Klasse von temporären Entitäten gibt – die Organismen –, welche zu ihrem Erhalt auf komplexe Weise mit der Umwelt interagieren müssen (z. B., indem sie Energie und Materialien aufnehmen). Zwei Besonderheiten sind dabei hervorzuheben: Erstens unterscheiden sich die Organismen untereinander in verschiedenem Grade, vor allem in der Art und Weise ihrer Interaktion mit der Umwelt. Zweitens besitzen sie die Fähigkeit der Reproduktion, das heißt der Bildung von neuen, ihnen im wesentlichen gleichen Organismen. Zu der Ausgangssituation gehört ferner, daß wir in einer begrenzten Welt leben, d. h. alle Ressourcen für Interaktionen grundsätzlich endlich sind. Damit sind die Antezedensbedingungen genannt, zu welchen nun als gesetzmäßiger Zusammenhang hinzukommt, daß die Menge möglicher Entitäten von der zur Verfügung stehenden Quantität der Ressourcen, welche sie mit ihren Interaktionen erschließen können, abhängig ist. Es folgt, daß die Anzahl von Entitäten jeden Typs wegen der Endlichkeit der Ressourcen jeweils ein unüberschreitbares Maximum hat. Daß immer wieder neue Ressourcen erschlossen werden können, hat eine verschiebende Wirkung und stellt das Ergebnis nicht grundsätzlich in Frage. Es läßt sich ferner folgern, daß, wenn die Reproduktionsrate höher ist als nötig, um die Sterberate der Elterngeneration auszugleichen, also das Maximum überschritten zu werden droht, die begrenzten Ressourcen nicht das Überleben aller Organismen der Nachkommengeneration gestatten. Diese sich ergebende Konkurrenzsituation ist der sogenannte „Kampf ums Dasein".

Schauen wir nun auf den zweiten Schritt des Arguments. Hier kann nun die gerade erschlossene Situation, in der endliche Ressourcen der Reproduktion Grenzen setzen, als Antezedensbedingung betrachtet werden. Der gesetzmäßige Zusammenhang, welcher jetzt hinzutritt, ist jener zwischen den Eigenschaften eines Systems und den dadurch ermöglichten Interaktionen. Damit ist die ausnutzbare Menge der Ressourcen für jeden Organismus eine Funktion seiner Eigenschaften: Es gibt solche Eigenschaften, die dem Organismus erlauben, in einer gegebenen Umwelt diese besser auszunutzen, so daß eine größere Gesamtzahl von Organismen dieses Typs bei gegebenen Ressourcen leben können, oder schlechtere Eigenschaften, welche zu einer Abnahme der Gesamtzahl (oder zu ihrem völligen Verschwinden) führen. Eine mögliche Zunahme widerspricht dabei nicht dem ersten Schritt des Arguments, denn sie wird stets wieder in Grenzen bleiben müssen – auch wenn sie zunächst entweder auf Kosten anderer Organismen oder durch eine Erweiterung der Interaktionen mit bisher ungenutzten Ressourcen stattfinden kann. Der gesetzmäßige Zusammenhang zwischen jeweiligen Eigenschaften und Interaktionsmöglichkeiten ist somit zugleich einer zwischen den Eigenschaften eines Organismus und seiner möglichen Gesamtzahl in einer gegebenen Umwelt; dies ist der eigentliche Kern der gesamten Darwinschen Theorie. Die Schlußfolgerung des zweiten Schrittes ist dann, in Abhängigkeit von der Gesamtheit der Eigenschaften etwas darüber auszusagen, bis zu welchem Maximum die Zahl der jeweiligen

Organismen in einer gegebenen Umwelt zu- oder abnimmt (bzw. ob sie aussterben). Dieses Geschehen nennt Darwin die „natürliche Auslese“.

Vier Dinge sind bei dieser Rekonstruktion der Struktur des Arguments zu betonen: Da erstens auch rivalisierende Organismen der gleichen Art (also eines ähnlichen Typs) zu der Umwelt gehören, wird die von einer Eigenschaft ermöglichte Zahl von Trägern auch davon abhängen, welche Eigenschaften die konkurrierenden Artgenossen besitzen – und entsprechend wird die Zunahme der Zahl meist mit der Abnahme derjenigen von Artgenossen erkauft. Zweitens ist hier die Interaktion mit der Umwelt sehr weit gefaßt, so daß vor allem die Reproduktionsfähigkeit dazugehört. Drittens ist es offensichtlich, daß die Fülle der Eigenschaften jedes Organismus wie auch die große Zahl von Interaktionen, welche er vollziehen muß, eine vollständige Erfassung meist unmöglich macht. Deswegen dürfte es fast nie möglich sein, das Maximum der Organismen wirklich zu berechnen (am ehesten sind noch vergleichende Aussagen bei Organismen möglich, die sich nur in einer Eigenschaft unterscheiden – etwa, daß die Anzahl eines durch seine Färbung schlechter für Vögel sichtbaren Schmetterlings im Vergleich zu einem besser erkennbaren zunehmen wird). Viertens ist jeder konkrete Schluß auf das Maximum so schwierig, weil die jeweiligen Umwelten der Organismen sich selbst ständig (und im Wechselspiel mit allen anderen Organismen) verändern: Unglückliche Zufälle (aber man bedenke, was nach Darwin Zufall ist!) mögen dazu führen, daß gerade ein mit besseren Eigenschaften versehener Schmetterling sich in einem Spinnennetz verfängt und elend zugrunde geht.

Trotz dieser Vorbehalte kann aber die deduktiv-nomologische Erklärung Darwins grundsätzlich beanspruchen, ebenso wie ein physikalisches Gesetz von einer funktionalen Abhängigkeit von Größen auszugehen und auf dieser Grundlage Voraussagen machen zu können (über die mögliche Anzahl eines Organismus) – aber eben nur, *wenn* alle kommenden Umstände bekannt wären. Die eigentliche Ursache der natürlichen Auslese ist dabei die überwältigend große Zahl von Einzelgeschehen, nämlich all die vielen Interaktionen, welche schließlich dazu führen, daß ein bestimmter Organismus in der Zahl zu- oder abnimmt. „Natürliche Auslese" ist selbst keine Kraft, sondern das Ergebnis dieser vielen Kausalgeschehen.

Ein kurzer Blick muß auf den häufig gegen Darwin erhobenen Tautologieverdacht gerichtet werden. Es sei zirkulär, so warf etwa Karl Popper ein, wenn Darwin von dem „survival of the fittest" spreche, auf die Frage aber, wer denn dieser „fittest" sei, nur antworten könne, dies sei derjenige, welcher letztlich überlebe. Nach obiger Rekonstruktion trifft dieser Einwand nicht den Kern von Darwins Argument. Seine eigentliche Einsicht ist, daß die Eigenschaften des Organismus einen Einfluß auf die Zahl haben, die von ihm in einer gegebenen Umwelt leben können. Der Tautologieverdacht kommt nur dann auf, wenn man von „fittest" spricht, ohne zu berücksichtigen, daß es eigentlich nur ein Sammelbegriff für alle dafür relevanten Eigenschaften ist. Denn es ist tatsächlich eine analytische Wahrheit (im Kantischen Sinne), daß die Zahl der Träger von derjenigen Summe von Eigenschaften, die das Überleben von n Individuen in einer gegebenen Umwelt gestattet, unter sonst gleichen Umständen auch n sein wird – und entsprechend daß sie, wenn sie zunächst niedriger liegt, auf n anwachsen wird. (So wie analytisch folgt, daß der Träger der Eigenschaft „Den-Träger-grün-erscheinen-lassen" grün sein wird.) Der Schluß ist aber dann nicht mehr analytisch, wenn man die Eigenschaften konkret benennt. (Wie es auch nicht analytisch folgt, daß die Eigenschaft, mit seiner Oberfläche Licht der Wellenlänge zwischen 490 und 560 nm zu reflektieren, den Träger grün erscheinen lassen wird.) Das Problem Darwins war gerade, daß er dies nicht im einzelnen konnte und ihm insofern *nur* der Sammelbegriff zur Verfügung stand; seine kausale Erklärung der Evolution blieb auf weiten Strecken programmatisch (und ist es in vieler Hinsicht noch heute). Dann aber, wenn also die konkreten Eigenschaften nicht benannt werden können, ist die Formulierung in der Tat tautologisch. Die eigentliche

Erklärung müßte diesem Sammelbegriff gewissermaßen einen Schritt vorausgehen; sie ist erst geleistet, wenn alle Eigenschaften konkret benannt werden, die (im Zusammenhang mit den Ressourcen) darüber entscheiden, wie viele ihrer Träger in einer gegebenen Umwelt existieren können. Erst solche Aussagen wären in strengem Sinne empirisch überprüfbar, wie es ja für wissenschaftliche Theorien als Bedingung gefordert ist.

Die letzten beiden Schritte von Darwins Argument sind strukturell einfach zu charakterisieren: Der dritte Schritt besagt lediglich, daß sich die kausal erklärten Wirkungen des zweiten Schrittes mit der Zeit akkumulieren; der letzte Schritt behandelt schon Spezialprobleme, die mit der Reproduktion zusammenhängen. Auch er läßt sich in Gesetzesform ausdrücken – allerdings erst nach Integration der Vererbungsgesetze in die Evolutionstheorie, wie dies in unserem Jahrhundert von der Synthetischen Theorie geleistet wurde.

Zusammenfassend läßt sich sagen, daß die von Darwin gefundene Erklärung in ihrer grundsätzlichen Struktur dem von der Physik geprägten Ideal der Wissenschaft in vieler Hinsicht sehr nahekommt. Was an ihr allerdings auffällt, ist, daß es ihm (wie auch Wallace) gelang, Einsichten, welche an sich wenig spektakulär erscheinen und auch schon zu seiner Zeit weitgehend als plausibel anerkannt waren, so zu verknüpfen, daß er eine überraschende Konsequenz ziehen konnte. Daß z. B. die Reproduktionsrate zu hoch ist, als daß alle Nachkommen überleben könnten, hatte Malthus bereits für die gesamte belebte Welt ausgesprochen; daß die Organismen größere und kleinere individuelle Abweichungen in ihren Eigenschaften besitzen, dürfte niemanden überrascht haben – und selbst, daß es einen Zusammenhang zwischen Eigenschaften und dem Überleben gibt, war nicht ganz unbekannt. Die Spezialkreationisten wie Paley hatten schon vielfach darauf hingewiesen, daß immer wieder Lebewesen mit ungeeigneten Eigenschaften geboren werden, welche dann von der Natur ausgetilgt würden. Aber sie dachten hier an Mißgeburten und „Monster“; Darwins revolutionäre Einsicht war möglich, weil er erkannte – auch hier ganz Gradualist –, daß die kleinen Unterschiede entscheidend sein können. In gewisser Weise war diese Einsicht wohl die Folge eines nüchterneren Blickes auf die Natur, als ihn vor Darwin die meisten gewagt hatten: Er ging nicht mehr davon aus, daß alle Lebewesen immer schon vollkommen seien – und so konnte ihm aufgehen, daß sie immer nur in verschiedenem Grade bessere oder weniger gute Eigenschaften besitzen. (Eine Einsicht, die eigentlich schon dann auf der Hand liegt, wenn man mit Lyell eine graduelle Veränderung der Erdoberfläche annimmt – dadurch hätten ja stets schon vormals vollkommen angepaßte Lebewesen im Laufe der Zeit zu weniger vollkommen angepaßten werden müssen.) Darwins Genialität bestand darin, daß er an sich unspektakuläre Einsichten, welche die Forschung angehäuft hatte und welche jedem anderen ebenfalls zur Verfügung hätten stehen können, als Bausteine einer Erklärung erkannte und so klug anordnete, daß sie die Grundlage zu überraschenden Schlußfolgerungen boten.

In vieler Hinsicht blieb Darwins Theorie dabei noch unvollständig. Vor allem hinsichtlich der empirischen Parameter, welche in seine Theorie eingehen, täuschte er sich oft (man denke nur an seinen Lamarckismus hinsichtlich der Vererbung erworbener Eigenschaften); der ganze genetische Mechanismus der eigentlichen Vererbung war ihm noch unbekannt, manche neuen empirischen Prämissen sind seither hinzugekommen (man denke an die Notwendigkeit reproduktiver Barrieren oder an die heute immer mehr erkannte Bedeutung ökologischer Nischen), und noch immer gibt es heftige Diskussionen darüber, wie weit seine Erklärung reicht und welche weiteren Faktoren eine Rolle spielen könnten. Aber daß Darwin den ersten großen Schritt zu einer wissenschaftlichen Erklärung der wunderbaren Angepaßtheit auch der belebten Welt gegangen ist, kann nicht bezweifelt werden. Der Ehrentitel eines „Newtons des Grashalms" ist ihm nicht streitig zu machen.

Aber nicht nur des Grashalms. Es zeigte sich zunehmend, daß die von Darwin aufgedeckten kausalen Zusammenhänge nicht nur bei der Entstehung von Arten eine zentrale Rolle spielen, sondern eine noch viel umfassendere Erklärungskraft besitzen. Zum Teil war sich Darwin der unglaublichen Reichweite seiner Erklärungen bewußt, wie die beiden Schriften zeigen, denen wir uns nun zuwenden wollen. Doch dies war nur der Anfang einer bis heute noch nicht abgeschlossenen Ausweitung seiner Theorie, die im letzten Kapitel zur Sprache kommen soll.

3. „Die Abstammung des Menschen“

Darwin hatte sich, wie erwähnt, in *Über die Entstehung der Arten* mit einem einzigen direkten Satz über die Abstammung des Menschen begnügt (der in der ersten deutschen Übersetzung weggelassen wurde). Das Lakonische dieser Bemerkung hatte damit zu tun, daß Darwin einerseits sein bis dahin schon gesammeltes Material nicht publizieren wollte, um nicht eine Flut vorurteilsbeladener Reaktionen gegen seine Theorie auszulösen, andererseits aber auch dem Vorwurf entgehen wollte, er halte seine innersten Überzeugungen geheim. 1871 freilich gab es keinen Grund mehr, es bei vagen Andeutungen zu belassen. Das Tabuthema war inzwischen von mehreren Autoren wie Wallace, Huxley, Lyell, Büchner und Haeckel behandelt worden, und Darwin brauchte sich nicht mehr vorzuwerfen, eine gefährliche Diskussion loszutreten. Sein Buch wurde natürlich besonders begierig aufgenommen – nach drei Wochen mußte es nachgedruckt werden (eine ergänzte Fassung erschien 1874), und 1871/1872 wurden in Sankt Petersburg nicht weniger als drei russische Übersetzungen veröffentlicht. Drei Aspekte der Abstammungsfrage will Darwin in seinem Buche diskutieren – erstens, daß der Mensch wie alle anderen Arten von einer früheren Form abstammt, zweitens das Wie seiner Entwicklung, drittens die Unterschiede zwischen den Rassen. Darwin ist gegen manche seiner Zeitgenossen zuversichtlich, daß die Frage nach dem Ursprung des Menschen lösbar ist – „die Ignoranz erzeugt häufiger Vertrauen als das Wissen: Es sind diejenigen, die wenig wissen, und nicht diejenigen, die viel wissen, die so entschieden behaupten, daß dieses oder jenes Problem nie von der Wissenschaft gelöst werden wird“ (D I, 3).

Allerdings muß eingeräumt werden, daß sein zweites theoretisches Werk nicht die stilistische Brillanz und argumentative Dichte des ersten besitzt. Das hat auch damit zu tun, daß Darwin auf überraschende, viele verwirrende, manchen freilich als genial erscheinende Weise in seinem zweibändigen, mit schönen Illustrationen ausgestatteten Werk zwei Themen behandelte, die recht unterschiedlich sind – neben der Abstammung des Menschen die geschlechtliche Zuchtwahl (sexuelle Selektion). Zwar ist der Übergang vom Hauptthema zum Nebenthema dadurch möglich, daß Darwin mit der sexuellen Selektion die Rassenunterschiede zwischen den Menschen erklären möchte; und da er auch bestimmte geistige Leistungen des Menschen mit dem sexuellen Wettbewerb in Zusammenhang bringt, kann man in dem Buche die Vorwegnahme einiger Einsichten Freuds erkennen. Dennoch bleibt es mißlich, daß Darwin dem Nebenthema des Werkes doppelt soviel Raum widmet wie dem Hauptthema, das nur am Ende des zweiten Bandes wieder erklingt. Der große Umfang seines Werkes zwang ihn dazu, *Der Ausdruck der Gefühle* als eigenständiges Buch herauszubringen, obgleich es ursprünglich als Teil von *Die Abstammung* konzipiert war, insofern es die Kontinuität zwischen Tier und Mensch auch und gerade im Ausdrucksverhalten zeigen sollte. In der Tat ist es Darwins Hauptanliegen, den Prinzipien seines Gradualismus gemäß einen allmählichen Übergang zwischen Tier und Mensch nachzuweisen. Und dies nicht nur im anatomisch-physiologischen Bereich, der damals unter Kennern nicht mehr strittig war (schon Linné hatte Homo sapiens der Ordnung der Primaten zugewiesen und der Gattung Homo auch die Menschenaffen zugeordnet), sondern auch – und hierin sollte ihm etwa Wallace widersprechen – im intellektuellen, emotionalen und moralischen Bereich. Beeindruckend bleibt auf jeden Fall, mit welcher intuitiven Sicherheit Darwin Fragestellungen und Untersuchungen antizipiert, die erst in unserem Jahrhundert auf breiter empirischer Grundlage erforscht werden sollten – allgemeine Ethologie, Primatologie, Paläoanthropologie und in geringerem Maße die Ethnologie und Psychologie steckten damals noch in den Kinderschuhen. Aber die Qualität von Darwins Beobachtungen an den eigenen Kindern, Hunden und Katzen und an den Affen im Londoner Zoo (etwa am damals viel Aufsehen erregenden Orang-Utan Jenny) vermochte teilweise, systematische Versuche zu ersetzen. Freilich ist für den modernen Biologen die Art und Weise problematisch, in der Darwin tierisches Verhalten anthropomorph deutet – mag man sie auch als Ausdruck seiner besonderen Einfühlungsgabe verstehen, so stellt sich trotzdem die Frage, wie Darwin seine Aussagen über die Innenseite von Tieren begründen kann, ja, warum er anders als Descartes überhaupt davon ausgeht, daß Tiere ein Innenleben haben. Und für den Philosophen bleibt unbefriedigend, daß Darwin nie explizit die Frage diskutiert, ob eine allmähliche Evolution die Emergenz ganz neuer Qualitäten und Wesensmerkmale wirklich ausschließe, ja, was denn Kriterien sein könnten, die es uns erlaubten, das Vorliegen von Wesensunterschieden festzustellen – denn ohne solche Kriterien ist ihre Leugnung ebensowenig verifizierbar wie ihre Behauptung.

3.1. Das Tier-Mensch-Kontinuum

Anatomische, physiologische, parasitologische, ja, auch ethologische Homologien, Ähnlichkeiten in der embryonalen Entwicklung, schließlich die Existenz rudimentärer Organe sind das Thema des ersten Kapitels – sie belegen nach Darwin die Herkunft des Menschen zweifelsfrei. „Es sind nur unser natürliches Vorurteil und jene Arroganz, die unsere Vorfahren erklären ließen, sie stammten von Halbgöttern ab, die uns dazu führen, jene Schlußfolgerung zurückzuweisen" (D I, 32f.). „Wer nicht damit zufrieden ist, wie ein Wilder die Naturphänomene als unverbunden zu betrachten, kann nicht mehr daran glauben, daß der Mensch das Werk eines separaten Schöpfungsaktes ist" (D II, 386). Aber selbst unsere geistigen Fähigkeiten seien in der Tierwelt angelegt – so die These des zweiten und dritten Kapitels (der ersten Auflage; in der zweiten Auflage wurde das ursprünglich vierte Kapitel über die Ursachen der Evolution der im ersten Kapitel beschriebenen Strukturen zum zweiten, so daß die deskriptiven und die kausal erklärenden Kapitel auseinandergerissen wurden). Während das zweite Kapitel schwerpunktmäßig die intellektuellen Vermögen im engeren Sinne sowie die Emotionen behandelt, geht es im dritten um moralische Fähigkeiten. Darwin erklärt zwar ausdrücklich, daß die geistigen Unterschiede zwischen dem höchstentwickelten Affen und dem einfachsten „Wilden" enorm sind und auch dann enorm blieben, wenn man Affen ähnlich domestizierte wie den Wolf zum Hunde; aber er fügt hinzu, daß die geistigen Unterschiede zwischen einem primitiven Fisch und einem Affen noch größer seien. Ferner seien auch diejenigen zwischen einem „Wilden" und Newton nicht zu unterschätzen, so wie bei vielen Tieren derselben Art die Variationen in den geistigen Fähigkeiten beträchtlich seien. Bestenfalls in ferner Zukunft könne das Problem angegangen werden, wie sich die ersten geistigen Fähigkeiten bei den niedrigsten Organismen entwickelt hätten – derzeit sei es wie die Frage nach dem Ursprung des Lebens unlösbar. Auffällig bleibt, daß Darwin nie klarmacht, ob er mit „mental powers" bestimmte Verhaltensformen oder aber Dispositionen zu mentalen Akten meint, ob die „mental powers" also – in Descartes' Sprache – zur „res extensa" bzw. physischen Welt oder aber zur „res cogitans" bzw. mentalen Welt gehören. Darwin würde vermutlich, ähnlich wie Gilbert Ryle in unserem Jahrhundert, entgegnen, als Biologen könnten ihn mentale Fähigkeiten nur als Teil eines adaptiven äußeren Verhaltens interessieren. Aber darauf könnte ein Leib-Seele-Dualist folgendes erwidern: Da Darwin sicher nicht annehme, daß eine physische Veränderung durch Nicht-Physisches verursacht werden könne, sei die Annahme einer eigenen mentalen Welt im Rahmen seiner Theorie überflüssig und diese Welt somit durch die natürliche Auslese unerklärbar. Wenn dasselbe Verhalten ohne Bewußtsein ablaufen könnte, müßte es mit oder ohne Bewußtsein denselben Selektionserfolg haben – warum sei es aber dann zu einer Evolution des Bewußtseins gekommen? Wir werden auf diesen Einwand zurückkommen; hier genüge es festzuhalten, daß Darwin seine frühe Vorentscheidung zugunsten einer materialistischen Theorie des Geistes nie in Frage gestellt zu haben scheint. Auch wenn man Wallaces spiritistische Neigungen für abwegig hält, wird man anerkennen können, daß er die Komplexität des Leib-Seele-Problems besser begriffen hat als Darwin. Und ebenso wird man monieren müssen, daß Darwin über keinen Maßstab verfügt, um mentale Leistungen zu messen. Man kann zwar zugeben, daß das äußere Verhalten eines Menschen zunächst einmal mehr Ähnlichkeiten mit dem eines Affen hat als dasjenige eines Affen mit demjenigen eines Fisches, aber das ist nicht mit der Aussage unvereinbar, das Auftreten von Selbstbewußtsein und moralischer Selbstbeurteilung sei viel wichtiger als alle Entwicklungsschritte zwischen Fisch und Affe.

Da es zu Darwins Zeit ebensowenig wie in unserer eine allgemein anerkannte Einteilung der geistigen Vermögen gab, war Darwin bei der Behandlung der einzelnen Fähigkeiten relativ frei. Er beginnt mit den Instinkten und weist zu Recht darauf hin, daß sie beim Menschen weniger zahlreich seien als bei seinen nächsten Verwandten – so wie bei den höheren Tieren im Vergleich zu den niederen. Die Fähigkeit, Lust und Schmerz zu empfinden, gebe es bei den Tieren wie bei den Menschen. Darwin spricht freilich nicht nur von „pleasure and pain“, sondern – was fragwürdiger ist – auch von „happiness and misery“, Glück und Elend. Das Glück der Tiere sei am deutlichsten, wenn sie spielten – was schon Insekten täten. Angst, Argwohn, Zorn, Rachsucht, Liebe (insbesondere Mutterliebe), Eifersucht, Freude am Lob seien bei höheren Tieren nachgewiesen. „Ein großer Hund hält es für unter seiner Würde, Drohlaute gegen einen kleinen Hund auszustoßen, und das kann Großmut genannt werden“ (D I, 42). Von den intellektuellen Emotionen behandelt Darwin ausführlich die Neugierde. Es folgen die Tendenz zur Nachahmung, die bei der Erziehung eine große Rolle spiele, Aufmerksamkeit, Gedächtnis, Einbildungskraft und Verstand, der höheren Tieren nicht abgesprochen werden könne. Um die Kluft zwischen höheren Tieren und Menschen zu verringern, fügt Darwin immer wieder Beobachtungen an Menschen aus sogenannten primitiven Kulturen, Geisteskranken und Kindern ein, allerdings ohne den großen Unterschied zwischen Tier und Mensch zu bestreiten – er sei freilich, das ist seine oft wiederholte Behauptung, nur quantitativ. Darwin erörtert ausführlich jene Merkmale, die eine Reihe von Autoren als Wesensunterschiede angeführt hatten, etwa den Werkzeuggebrauch. Dieser liege freilich auch bei Primaten und Elefanten vor, und auch wenn Darwin in der Werkzeugformung etwas spezifisch Menschliches anerkennt, vertritt er die überzeugende These, die ersten menschlichen Techniken seien zufällig entstanden – der Urmensch habe einen Stein zersplittert und erst nachträglich erkannt, daß er die Splitter benutzen konnte. Hier verwendet Darwin also darwinistische, aber nicht biologistische Prinzipien, um die kulturelle Evolution zu verstehen: Sie bestehe zum Teil in der Ausnutzung zufälliger Entwicklungen. Viel zu kurz – und zwar erst in der zweiten Auflage – wird das Selbstbewußtsein behandelt, das Darwin nicht präzise definiert; immerhin erkennt er an, daß Tiere kein Todesbewußtsein haben. Aber man könne nicht ausschließen, daß ein Hund über frühere Jagderlebnisse nachdenke (so wie er anscheinend von ihnen träume), und eine geistige Individualität sei höheren Tieren ebensowenig abzusprechen wie die Verwendung von Allgemeinbegriffen.

Die Sprache

Bedeutsam ist Darwins Analyse des menschlichen Sprachvermögens, und zwar aus zwei genau zu unterscheidenden Gründen. Erstens sieht er natürlich die ungeheure Kluft zwischen tierischen und menschlichen Sprachen, die die Voraussetzung komplexerer Denkprozesse und nicht angeboren seien, aber das schließe keineswegs eine biologische Disposition zum Spracherwerb aus. Schon in den frühen

Notebooks hieß es: „Wir müssen glauben, daß es einer weitaus höheren & weitaus komplexeren Organisation bedarf, Griechisch zu *lernen*, als es als Instinkt überliefert zu bekommen" (N 48). Daß es einen engen Zusammenhang zwischen der Evolution des Gehirns und der Evolution der Sprache gebe, zeige sich etwa an gewissen Formen der Aphasie. Und da auch viele Tiere, sogar schon Insekten, über Kommunikationsformen verfügten, verteidigt Darwin gegen die Kritik des großen Indologen und Religionswissenschaftlers Max Müller die These, die menschliche Sprache sei kontinuierlich aus tierischen Kommunikationsformen hervorgegangen. Seine Theorie der Sprachentstehung – eines der wenigen Themen, das im ersten wie im zweiten Teil seines Buches erörtert wird – hat auffällige Ähnlichkeiten mit Vicos, Rousseaus und Herders Theorien, auch wenn er sie nicht gekannt zu haben scheint. Darwin hat ihren Spekulationen erstmals eine solide biologische Basis verliehen. Ihm zufolge ist die artikulierte Sprache, bei der Worte für Begriffe stehen, das späte Resultat einer Entwicklung, deren Anfänge die Kommunikation durch Gesten, durch Gesang und durch Lautmalerei gebildet haben müsse. Der Gesang sei die Grundlage von Sprache, Dichtung und Instrumentalmusik, und er habe selber seinen Ursprung im Werbeverhalten. „Die Vermutung erscheint nicht unwahrscheinlich, daß die Vorfahren des Menschen, entweder die Männchen oder die Weibchen oder beide Geschlechter, bevor sie die Fähigkeit erworben hatten, ihre gegenseitige Liebe in artikulierter Sprache auszudrücken, einander mit musikalischen Tönen und Rhythmus zu bezaubern versuchten" (D II, 337). Gegen Herbert Spencers Auffassung, die Musik habe sich aus den Kadenzen erregter Rede entwickelt, meint Darwin, umgekehrt seien jene Kadenzen ein Relikt der ursprünglich mit der stärksten, also der erotischen Leidenschaft assoziierten Musik. Warum bestimmte Töne mit bestimmten Emotionen korrelieren, kann freilich Darwin ebensowenig wie Spencer plausibel machen (vgl. auch E 86 ff.). Den Rückgang der Gestensprache zugunsten der stimmlichen Sprache erklärt Darwin mit dem beträchtlichen Vorteil, der im Freihalten der Hände während der Kommunikation liege (D I, 58).

Zweitens aber ist Darwins Behandlung der Sprache sein eindrucksvollstes Beispiel für eine darwinistische, aber nicht biologistische Behandlung kultureller Gebilde. Schon in seinem Hauptwerk hatte er die Sprachentwicklung mit der biologischen verglichen – rudimentäre Organe z. B. mit den Buchstaben, die in einer Sprache noch geschrieben, aber nicht mehr ausgesprochen werden (OS 1859, 222, 300 f., 324). Der Vergleich von Sprachen und Arten findet sich auch im 23. Kapitel von Lyells *The geological evidences of the antiquity of man* von 1863; 1869 wurde ein Buch A. Schleichers ins Englische unter dem Titel *Darwinism tested by the science of language* übertragen, und 1870 veröffentlichte F. W. Farrar einen Artikel mit dem Titel „Philology and Darwinism".

> „Sprachen können wie organische Wesen in Gruppen und Untergruppen eingeteilt werden; und sie können entweder natürlich nach ihrer Herkunft oder künstlich nach anderen Charakteren klassifiziert werden. Dominante Sprachen und Dialekte breiten sich weit aus und führen zum allmählichen Erlöschen anderer Zungen. Eine Sprache erscheint wie eine Art nie wieder, wenn sie einmal ausgestorben ist. [...] Dieselbe Sprache hat nie zwei Geburtsorte. Verschiedene Sprachen können gekreuzt oder vermischt werden. Wir sehen Variabilität in jeder Sprache, und neue Wörter entwickeln sich ständig neu; aber da die Macht des Gedächtnisses eine Grenze hat, sterben einzelne Wörter wie ganze Sprachen allmählich aus. [...] Das Überleben oder die Bewahrung bestimmter favorisierter Wörter im Kampf ums Dasein ist natürliche Selektion." (D I, 60 f.)

Die natürliche Auslese setzt also keineswegs Organismen voraus, sondern erweist sich als allgemeines Seinsprinzip. Es ist anwendbar, wo immer sich vermehrende Gebilde um knappe Ressourcen konkurrieren, wie etwa Wörter um Sprecher oder – so kann man hinzufügen – Ideen und ganze Theorien um die Aufmerksamkeit von denkenden Menschen.

Allerdings muß man einräumen, daß Darwin einige entscheidende Unterschiede zwischen biologischer und kultureller Evolution vernachlässigt – nur Organismen der gleichen Art können sich im allgemeinen unbegrenzt miteinander fortpflanzen, während Wörter aus einer überhaupt nicht verwandten Sprache in eine andere integriert werden können. Auch überlagern sich in jeder Sprache naturwüchsige und bewußt gesteuerte Entwicklungen. Zumindest einige Morpheme einer Sprache versuchen eine kategoriale Sachlogik wiederzugeben, der im Biologischen nichts Analoges entspricht: Die Unterscheidung in erste, zweite und dritte Person etwa hat mit bedeutsamen Grundstrukturen des Denkens zu tun. Aber Darwin hat natürlich recht, wenn er gegen die Annahme eines göttlichen Ursprungs der Sprachen polemisiert und in der äußerst komplexen Grammatik altertümlicher Sprachen gerade ein Indiz ihrer mangelnden Vollkommenheit sieht. Ebensowenig wie man in der Radiärsymmetrie der Crinoidea (Seelilien) etwas Höheres sehen dürfe als in der Bilateralsymmetrie anderer Pflanzen, auch wenn nur bei jener bis zu Tausenden von Teilen einander entsprächen, sei die größere Regelmäßigkeit etwa des Lateinischen ein Grund, es dem modernen Englisch vorzuziehen: Die Beseitigung von Redundanzen, die Abkürzung, die Vermischung mit anderen Sprachen seien durchaus Vorzüge. Kritisieren muß man allerdings, daß Darwin zu wenig herausarbeitet, wie die menschliche Kultur mit der Entstehung der Sprache einen hohen Grad an Freiheit von der biologischen Basis gewonnen hat.

Die Religion

Am Ende des zweiten Kapitels behandelt Darwin noch den Sinn des Schönen und die religiösen Gefühle, in denen viele Zeitgenossen etwas sahen, was nicht aus dem Tierreich abgeleitet werden könne. Das erste Vermögen wird nur gestreift, da Darwin im zweiten Teil des Buches ausführlich darauf eingeht, aber hier schon hebt er auf den ästhetischen Sinn der Tiere ab, der allein erklären könne, warum sich ein prächtiges Federkleid oder ein komplexer Vogelgesang herausselektiert habe. Zwar sei dieser Sinn bei den Tieren auf die Wahrnehmung des Geschlechtspartners beschränkt, während er sich beim Menschen von dieser Basis löse – allein der Mensch könne etwa die Schönheit des Nachthimmels genießen. Aber der höhere ästhetische Genuß hänge von dem Entwicklungsgrad der Kultur ab, und man könne die These vertreten, der musikalische Sinn der Vögel stehe höher als der mancher barbarischer Völker. Man versteht, warum ein Autor wie Wallace, der eine große Diskontinuität zwischen Tier und Mensch lehrt, auch Darwins Theorie der sexuellen Selektion gegenüber so kritisch war: Sie gefährdete jene Zäsur, indem sie einem geistigen Vermögen, dem Sinn für Schönheit, schon in der tierischen Welt Realität und Wirkmacht einräumte.

Hinsichtlich der Religion verfolgt Darwin folgende Argumentationsstrategie: Viele sogenannte primitive Völker würden gar keinen Glauben an Götter oder gar an einen einzigen Gott kennen, sondern nur an Geister; den Animismus versucht Darwin mit Edward Tylor aus der Deutung von Träumen zu erklären. Auch seien die moralischen Gefühle, die man den Göttern anfangs zuschreibe, ähnlich primitiv wie diejenigen, die man selber habe – er habe nie entdecken können, daß die Feuerländer auf der „Beagle" an das glaubten, was er selbst Gott nennen würde; und etwa Menschenopfer und Gottesurteile zeigten, welche außerrationalen Kräfte in den Religionen wirkten. Die emotionale Tönung der Religiosität – ein Gefühl der Liebe, Unterwerfung, Abhängigkeit, Furcht und Dankbarkeit – sei auf primitive Weise bereits etwa im Verhältnis des Hundes zu seinem Herrn angelegt, das ganz anderer Art sei als dasjenige zu seinen Artgenossen. (Man mag letzteres heute bestreiten und die These vertreten, der Mensch nehme für den Hund nur die Stellung eines Alphatieres ein. Auf jeden Fall denkt man an Hegels berühmte Kritik an Schleiermachers Definition der Religion als eines Gefühls schlechthinniger Abhängigkeit – dann müsse ja auch der Hund Religion haben.) Allerdings schreibt Darwin ausdrücklich, eine natürliche Religionsgeschichte (um Humes Terminus zu verwenden), also eine Deutung der Religion aus ihren biologischen Vorstufen, sei nicht im mindesten eine Widerlegung des Theismus. Und er fügt hinzu, die Frage, ob es einen Schöpfer und Lenker des Universums gebe, sei „von den höchsten Geistern, die je gelebt haben, positiv beantwortet worden“ (D I, 65). Auch wenn Darwin sich am Ende seines Lebens als Agnostiker bezeichnete, ist daran festzuhalten, daß dieser Satz keineswegs nur eine artige Rücksichtnahme auf einige Zeitgenossen ist. Darwin hat immer zugestanden, daß die wissenschaftliche Suche nach sekundären Ursachen, auch wenn sie noch so erfolgreich ist, über die Existenz oder Nicht-Existenz einer Erstursache nichts ausmachen kann, und er hat ebenfalls anerkannt, daß die metaphysischen Argumente für eine Erstursache ernst zu nehmen sind und von jenen Personen, die er intellektuell am meisten achtete, als gültig angesehen wurden. Daß er selbst sich ihrer nicht so sicher war, hat einerseits mit seinen schon diskutierten Zweifeln an der Erkenntnisfähigkeit der menschlichen Vernunft zu tun, andererseits aber auch mit seiner stets eingeräumten persönlichen Inkompetenz in metaphysischen Fragen. Ähnlich aufrichtig ist Darwins Auffassung, die Evolutionstheorie sei ebensowenig ein Argument gegen wie für die Unsterblichkeit der Seele. Es möge zwar innerhalb seiner Theorie ein phylogenetisches Grenzziehungsproblem neu entstanden sein, aber auf der ontogenetischen Ebene habe ein analoges Problem stets existiert – nämlich wann genau die Beseelung des menschlichen Embryos beginne (D II, 395). Dies unterscheidet Darwin deutlich von späteren Darwinisten wie Huxley und Haeckel, die in Darwins Entdeckung einen Hebel zur Vernichtung der Religion und der Theologie sahen – und es spricht für die Überlegenheit des ursprünglichen Entdeckers, daß er sich vor Thesen hütete, die aus seiner Theorie nicht im mindesten folgen. Darwin glaubte an die Gesetzlichkeit und Kontinuität der Natur, und er sah diese durch die Entstehung der Religion nicht in Frage gestellt. Ob sich aber ein Gott in der Evolution der Natur und des Menschen manifestiert, die schließlich zur Religion führt, ist eine Frage, die er offen ließ, weil er zu Recht spürte, daß sie mit naturwissenschaftlichen Mitteln weder positiv noch negativ zu entscheiden ist.

Die Moral

Das dritte Kapitel behandelt mit dem moralischen Sinn dasjenige menschliche Vermögen, das, wie Darwin anerkennt, den Menschen am stärksten von allen anderen Tieren abhebt und das man zu Recht für höherwertig hält als die intellektuellen Vermögen (D II, 393). Er wolle diesen Sinn, dessen Erforschung schon im 18. Jahrhundert eine große Rolle spielte, als erster ausschließlich von der naturhistorischen Seite betrachten. Darwin erkennt freilich nicht, daß seine Analysen die Geltungsfrage nicht berühren – die Frage, wie etwas entstanden ist, ist von der, ob etwas wahr ist, stets zu unterscheiden. Aber er verkennt auch, daß jene Analysen – wie schon Nietzsche ausführlich gezeigt hat – den faktischen Glauben an die Wirklichkeit des Sittengesetzes, an die unbedingte Geltung moralischer Normen, unterhöhlen können.

Darwins entscheidende These ist, daß der moralische Sinn durch die Kombination der schon bei Tieren vorhandenen sozialen Instinkte mit den spezifisch menschlichen intellektuellen Leistungen entstanden sei. Eine natürliche Geselligkeit sei beim Menschen angeboren, die Sprache führe zu einer sozialen Kontrolle der Befolgung jener Instinkte, und schließlich spiele die Gewohnheit eine wichtige Rolle bei der Stabilisierung von Verhaltensnormen. Da die angeborenen sozialen Instinkte die Grundlage des moralischen Sinnes seien, müsse man annehmen, daß, sollten etwa die Bienen ein dem menschlichen vergleichbares Denkvermögen entwickeln, sie die Tötung der Drohnen für ihre moralische Pflicht halten würden. Diese Aussage löste, da sie offen relativistisch schien, viel Kritik aus (u.a. durch Henry Sidgwick); aber Darwin verteidigte sie mit dem Hinweis, daß auch viele menschliche Gesellschaften das demographische Problem etwa mit der Tötung der Mädchen lösten und daß dieses Verhalten der Bienen ihrer Art nütze. Die sozialen Instinkte manifestierten sich nicht nur im Geselligkeitstrieb und im Bedürfnis nach Unterordnung bei vielen Tieren, sondern auch in der wechselseitigen Unterstützung – Darwin erzählt mehrere Anekdoten vom heroischen Einsatz von Tieren für Artgenossen. Aber er schildert ebenso objektiv die Grausamkeiten des Tierreiches, ohnehin Angehörigen anderer Arten und gruppenfremden Artangehörigen gegenüber, aber auch gegen Mitglieder der eigenen Gruppe:

> „Daß Tiere manchmal davon entfernt sind, irgendein Mitgefühl zu empfinden, ist nur zu sicher; denn sie werden ein verwundetes Tier von der Herde vertreiben, es zu Tode hetzen oder quälen. Dies ist nahezu die schwärzeste Tatsache in der Naturgeschichte." (D I, 76 f.)

Aber vielleicht könne man auch sie mit einem Instinkt für den Gruppenerhalt erklären – ein verwundetes Tier würde Jäger anziehen, unter anderen den Menschen (der, so wird damit unterstellt, eine Mitverantwortung für die Evolution jenes Verhaltens trägt). Und ferner würden auch „primitive" menschliche Gesellschaften das Aussetzen oder Töten der zur Last gewordenen Alten kennen. Darwin ist strategisch geschickt genug, zur Stützung seiner Kontinuitätsthese seinen spezialkreationistischen Gegner Louis Agassiz zu zitieren, der behauptet hatte, Hunde hätten etwas Ähnliches wie ein Gewissen. Gewissenskonflikte seien im Kampf unterschiedlicher Instinkte um die Vorherrschaft vorgeprägt, wie er im Tierreich immer wieder vorkomme.

Auf der Grundlage dieser instinktiven Basis habe sich das moralische Verhalten des Menschen entwickelt. Auch bei ihm seien die positiven sozialen Instinkte zunächst einmal auf Gruppenangehörige begrenzt, wie die häufigen Kriege zwischen unterschiedlichen „primitiven" Völkern zeigten. Nichts sei stärker als der Mutterinstinkt. Die sozialen Instinkte dienten nicht sosehr dem Glück als dem Gemeinwohl der Gemeinschaft, und dieses bemesse sich nach der Zahl der gesunden Nachkommen. Allerdings träten beim Menschen zu den sozialen Instinkten die bewußte Hoffnung auf Erwiderung von Gleichem mit Gleichem, die Wertschätzung der Anerkennung durch die Artgenossen sowie religiöse Gefühle hinzu. Darwin setzt sich mit dem Einwand auseinander, instinktives Verhalten könne keinen moralischen Wert haben, und weist ihn zurück: Erstens sei die Grenzziehung zwischen impulsivem und reflektiertem Verhalten nicht scharf; zweitens würden häufig wiederholte, ursprünglich aus einer bewußten Entscheidung entsprungene Handlungen mit der Zeit selbst nahezu instinktiv; und drittens verteidigt Darwin die These, ein spontanes moralisches Verhalten sei edler als ein erzwungenes. Allerdings heißt es dann auch ganz kantisch:

> „Wer gezwungen ist, seine Angst oder seinen Mangel an Sympathie zu überwinden, bevor er handelt, verdient jedoch in einem bestimmten Sinne eine höhere Anerkennung als der Mann, dessen angeborene Disposition ihn zu einer guten Handlung ohne jede Anstrengung führt." (D I, 88)

Das Neue am Menschen sei nicht so sehr ein schlechtes Gewissen unmittelbar nach der Tat – das gebe es, wie gesagt, auch bei Hunden –, sondern eine langfristige Reue für unsoziale Handlungen. Das ergebe sich aus den intellektuellen Fähigkeiten des Menschen: Sein Denkvermögen erzeuge ein Unlustgefühl bei der Erinnerung an unbefriedigte Instinkte, u. a. eben die sozialen, die beständiger seien als etwa sich verstärkende und wieder nachlassende Hungergefühle. Von den Tugenden hätten sich als erste die sozialen entwickelt, ohne die eine Gruppe nicht überleben könne, wie Loyalität gegenüber den Gruppenmitgliedern (und ausschließlich ihnen gegenüber), Mut oder die Fähigkeit, Schmerzen auszuhalten. Aber Darwin bekämpft die Auffassung, die „Wilden" seien von Natur aus gut, denn es fehlten bei ihnen die persönlichen Tugenden, die nicht unmittelbar für die Gesellschaft wichtig seien, insbesondere sexuelle Enthaltsamkeit (allerdings lehnt Darwin die von zeitgenössischen Anthropologen vertretene These ab, die „Wilden" lebten in völliger Promiskuität: D II, 360); die Sympathiegefühle seien auf die eigene Gruppe beschränkt, umfaßten also keineswegs die ganze Menschheit; die Fähigkeit zur Selbstkontrolle schließlich werde durch Gewohnheit, Erziehung und Religion nicht gefördert.

Darwin betont mit Nachdruck, daß der ursprüngliche moralische Sinn aufgrund seiner biologischen Basis auch bestimmte Dinge tabuisiert, die ein entwickelteres (d.h. für ihn wohl: durch den Utilitarismus aufgeklärtes) Moralgefühl akzeptiert, und andere nicht verwirft, vor denen dieser zurückschrickt: Die Ureinwohner Australiens mit ihrem strengen Exogamiegebot, so wird in der zweiten Auflage Tylor zitiert, hielten die Tötung eines Mädchens eines fremden Stammes für moralisch viel weniger verwerflich als die Heirat mit einem Mädchen des eigenen. Kindestötung, Mißhandlung der Frauen, Grausamkeit gegenüber Tieren, ja die Versklavung zumal von Angehörigen fremder Rassen seien bei archaischen Völkern gebilligt und weitverbreitet – und letzteres nicht nur bei archaischen Völkern. Die Verletzung des Ehrenkodexes und die daraus folgende Verurteilung durch Standesgenossen quäle viele Menschen mehr als wirkliche Verbrechen, selbst wenn sie wüßten, daß jener Kodex unmoralisch ist. Die Macht eines moralischen Instinktes beweise noch lange nicht, daß eine ihm entsprechende Norm Geltung beanspruchen dürfe:

> „Es wäre schwierig, zwischen den Gewissensbissen zu unterscheiden, die ein Hindu fühlt, der unreine Speisen verzehrt hat, und denjenigen, die er nach der Begehung eines Diebstahls empfindet; aber die ersteren wären wahrscheinlich die heftigeren." (D I, 99)

Die unsinnigsten Sitten und Meinungen könnten durch frühe Indoktrination fast die Stärke von Instinkten erhalten. Dennoch hofft Darwin, daß sich mit dem Fortschreiten der Zivilisation und der Zunahme der Wechselwirkungen zwischen den einzelnen ethnischen Gruppen die sozialen Instinkte immer mehr ausdehnen würden, und zwar nicht nur auf alle nützlichen Mitmenschen, sondern auch auf die Behinderten und schließlich sogar auf die außermenschlichen Tiere. Dem Glauben an Gott schreibt er eine wichtige Rolle bei der Ausbildung einer am eigenen Gewissen orientierten, sich von der Anerkennung der Gruppenmitglieder loslösenden Moral zu (D II, 394). „Die Tugend wird triumphieren", lautet, fast wie in Iacopo Ferrettis Libretto für Rossinis *La Cenerentola*, der letzte Satz des Kapitels vor der Zusammenfassung (D I, 104) – eine Huldigung an den evolutionistischen Zeitgeist, die überrascht, wenn man sich an N 47 erinnert, wo er bestritten hatte, daß seine Theorie einen notwendigen Fortschritt impliziere, aber die ganz darwinistisch zeigt, wie groß die Bedeutung von Anpassungsprozessen ist – selbst bei einem Genie wie Darwin.

Das Hauptproblem von Darwins Moralphilosophie liegt auf der Hand. Auf der einen Seite betont er zu Recht, daß der biologisch entstandene moralische Sinn in einigen Punkten zutiefst unmoralisch sein kann. Das christliche Gebot der Feindesliebe habe aufgrund seiner moralischen Höhe keine unmittelbare biologische Basis, sondern widerspreche ihr im Gegenteil sogar; es sei ein Resultat von Vernunft, Erziehung und Gottesfurcht. Auf der anderen Seite scheint Darwin eine außerbiologische Begründung der Moral nicht für möglich zu halten; jedenfalls läßt er sich auf derartige Überlegungen nicht ein. Statt dessen finden sich immer wieder Verweise auf den biologischen Nutzen bestimmter sozialer Instinkte. Darwin sieht jedoch nicht, daß er die Geltung jenes christlichen Gebotes untergräbt, wenn er es einer biologischen Grundlage beraubt und gleichzeitig die Biologie mehr oder weniger zur Fundamentalwissenschaft macht. Natürlich besteht kein Zweifel daran, daß ihm eine solche Absicht ferngelegen hat – auf derartige Vorwürfe von Zeitgenossen hat Darwin stets verletzt reagiert, weil für ihn die Unbedingtheit der christlichen Moral etwas

Selbstverständliches war, an deren Begründung er nicht interessiert war und deren explizite Relativierung ihm fernlag. Hierin liegt, zumindest sofern man in jener Verletzlichkeit nicht den Ausdruck eines tiefergehenden, aber verdrängten Problembewußtseins erkennen will, gewiß eine Naivität – eine Naivität, die sowohl für Darwins gutartigen Charakter als auch gegen seine nahezu ausschließlich naturalistische Behandlung der Ethik spricht. Darwins wichtige Einsicht sollte auch von einer nicht-naturalistischen Ethikkonzeption ernst genommen werden, nämlich daß die allmähliche Durchsetzung des Guten (das selbst nicht als Resultat der Evolution zu verstehen ist, sondern einer anderen Ordnung angehört) durch biologische und kulturelle Prozesse bedingt ist, bei denen das Prinzip der natürlichen Selektion eine große Rolle spielt. Aber es muß betont werden, daß aus Darwins Grundgedanken keineswegs folgt, daß es das Gute an sich nicht geben könne.

Natürliche Selektion und geistige Fähigkeiten

Nach dem Nachweis einer gewissen Kontinuität zwischen Tier und Mensch sowohl im Physischen wie im Mentalen versucht Darwin in den nächsten zwei Kapiteln zu zeigen, daß die Evolution beider Bereiche sich denselben Kausalmechanismen verdanke, die er für die Entstehung der Arten entdeckt hatte. Er beginnt mit der Feststellung der hohen Variabilität der physischen und geistigen Merkmale des Menschen und ihrer Vererbbarkeit – hierzu beruft er sich u.a. auf Galtons Buch *Hereditary genius*. Die Variabilität, deren Ursachen letztlich unbekannt seien, sei höher bei domestizierten Tieren – zu denen der Mensch gehöre, obwohl er fast nie bewußter Züchtung ausgesetzt worden sei – als bei Wildformen; sie sei höher bei Tieren mit einem großen Verbreitunsgebiet wie dem Menschen als bei solchen mit einem kleinen. Darwin nimmt verschiedene Faktoren in den sogenannten Gesetzen der Variation an, von denen die natürliche Selektion nur einer ist – zusammen mit, u.a., den

Umwelteinflüssen, die vererbbare Modifikationen zur Folge hätten, oder mit der Reversion, d.h. der Rückkehr zu früheren Merkmalen: Das gelegentliche Auftreten besonders starker Eckzähne beim Menschen deute auf seine äffischen Vorfahren, und wer sich über diese Theorie lustig mache, beweise meist ihre Richtigkeit, wenn er nämlich dabei, um seinen Hohn zu zeigen, seine Eckzähne entblöße, die einst bedrohlicher waren als heute (D I 127). Voraussetzung der natürlichen Auslese ist natürlich die Überproduktion auch beim Menschen, die nach Darwin durch die alte, aber nicht ursprüngliche Praxis der Kindestötung in Grenzen gehalten wurde; ansonsten verhinderten Hungersnöte, Krankheiten und Kriege ein unbegrenztes Wachstum. Damit aber müsse es auch beim Menschen einen Kampf ums Dasein gegeben haben. Im Kampf mit den anderen Tieren, als deren mächtigstes er sich erwiesen habe, sei der Mensch offenbar durch seine intellektuellen und sozialen Fähigkeiten begünstigt gewesen – der Selektionswert der Sprache und des Gebrauchs von Werkzeugen einschließlich des Feuers sei offenkundig, und daher könne er nicht verstehen, wieso Wallace dies bestreite (freilich ist es kennzeichnend für den respektvollen Umgang mit Wallace, der in diesem Werk mehrfach kritisiert wird, daß Darwin die „höchst gerechte" Bemerkung eines Zeitgenossen zitiert, es sei ein Zeichen der Selbstlosigkeit Wallaces, daß er seine eigene Theorie Darwin zuschreibe, obwohl er sie, wie alle wüßten, selbständig entwickelt habe). Faszinierend, weil sie Arnold Gehlens Mängelwesentheorie vorwegnimmt, ist Darwins Bemerkung, die Abkunft von einem eher schwachen Menschenaffen wie etwa dem Schimpansen müsse die Evolution geistiger Fähigkeiten eher begünstigt, weil erforderlich gemacht haben als die Abkunft von einem physisch stärkeren wie dem Gorilla. Die Entwicklung des aufrechten Ganges und des Handgebrauches seien gleichzeitig erfolgt, als die Vorfahren des Menschen das Leben auf den Bäumen immer mehr aufgegeben hätten. Darwin behandelt weitere anatomische und physiologische Veränderungen – die Rückbildung der Eckzähne etwa als Folge der Entwicklung von Waffen, insbesondere aber die Zunahme des Gehirns. Bezüglich der menschlichen Nacktheit verweist Darwin auf die sexuelle Selektion, da er die Erklärungen im Rahmen der natürlichen Auslese nicht für ausreichend hält. Gleichzeitig betont er, daß es im Organischen über die rudimentären Strukturen hinaus viele andere gebe, die weder nützlich noch schädlich seien; daß er dies in der ersten Auflage seines Hauptwerkes noch nicht gesehen habe, sei gleichsam ein Rudiment seines frühen Spezialkreationismus, dem zufolge alle Strukturen einen Zweck haben mußten. Hingegen müßten sie in Wahrheit nur alle eine Wirkursache haben (auch wenn die Pointe der Theorie der natürlichen Selektion gerade die ist, einen Kausalmechanismus anzugeben, der erklärt, wieso eine bestimmte Eigenschaft eines Organismus im allgemeinen nützlich ist, also einen Zweck hat).

Die Evolution der geistigen Fähigkeiten – darin wenigstens stimmt Darwin Wallace zu – habe den Selektionsdruck hinsichtlich einer weiteren Veränderung des Leibes gemindert, denn der Mensch könne durch technische Errungenschaften die erforderliche Anpassung erreichen. Der Kampf ums Dasein betreffe nicht nur die außermenschliche Umwelt, sondern natürlich auch die Auseinandersetzung zwischen verschiedenen Stämmen. Es sei offenkundig, daß jener Stamm begünstigt worden sei, in dem intelligentere Individuen aufgetreten seien und sich fortgepflanzt hätten; ihre technischen Neuerungen seien ferner innerhalb der Gruppe nachgeahmt worden. Was die sozialen Fähigkeiten angeht, so betont Darwin, daß im Krieg ein Stamm Vorteile haben müsse, in dem Tapferkeit, Loyalität und Hilfsbereitschaft stärker ausgeprägt seien. Allerdings nimmt Darwin durchaus den Einwand vorweg, den die Soziobiologie später gegen die Theorie der Gruppenselektion machen wird, nämlich daß ein undifferenziert altruistisches Verhalten Trittbrettfahrer begünstigen würde und daher nicht Resultat der Evolution sein könne. Die Naivität derjenigen Ethologen, die ein arterhaltendes Verhalten an sich schon als selbstverständliches Resultat der natürlichen Auslese ansehen, ist ihm fremd.

> „Es ist äußerst zweifelhaft, ob die Nachkommen der mitfühlenderen und wohlwollenderen Eltern oder derjenigen, die ihren Kameraden gegenüber die treuesten waren, in einer größeren Zahl aufgezogen würden als die Kinder der egoistischen und verräterischen Eltern desselben Stammes. Derjenige, der bereit war, sein Leben zu opfern statt seine Kameraden zu verraten, wie mancher Wilder es gewesen ist, hinterließe oft keine Nachkommenschaft, die seine edle Natur erben könnte. Die tapfersten Männer, die im Krieg stets willig waren, an die Front zu gehen, und die ihr Leben frei für andere riskierten, gingen durchschnittlich in einer größeren Zahl zugrunde als andere Männer. Daher scheint es kaum möglich (wenn man bedenkt, daß wir hier nicht vom Sieg eines Stammes über einen anderen sprechen), daß die Zahl der mit solchen Tugenden ausgestatteten Männer oder der Standard ihrer Vortrefflichkeit durch natürliche Selektion vermehrt werden könnte, d. i. durch das Überleben der Tüchtigsten.“ (D I, 163)

Der von John Maynard Smith geprägte Begriff der evolutionär stabilen Strategie fehlt bei Darwin noch, obgleich er durchaus schon begreift, daß sich auch Verhaltensstrategien, ganz wie Organismen, gegen konkurrierende durchsetzen müssen, wenn sie in der Evolution erfolgreich sein sollen. Aber er sieht noch nicht deutlich, daß sich moralisch hochstehende Strategien, um stabil zu sein, vor denjenigen schützen müssen und können, die von ihnen profitieren, ohne selbst moralisch zu sein. Seine weiteren Ausführungen sind vage, weisen aber in die richtige Richtung, insofern sie auf den Nutzen des wechselseitigen Altruismus abheben – er nennt diese Berechnung allerdings ein „niedriges Motiv“, obwohl er zu meinen scheint, daß es kein kausal wirksameres gebe. Nüchtern stellt er fest, daß Menschen, die aus äußeren Gründen, etwa aus Ruhmsucht, Gutes tun, objektiv oft mehr erreichen als selbst jene Idealisten, denen es gelingt, eine ähnlich edle Nachkommenschaft zu hinterlassen. Doch auch wenn der Selektionsvorteil moralischeren

Verhaltens innerhalb einer Gruppe nicht offenkundig sei, bestehe er doch in der Auseinandersetzung zwischen unterschiedlichen Gruppen, da die Moral neben vielen anderen immerhin *einen* Erfolgsfaktor darstelle. Daher gebe es eine Tendenz zu moralischem Fortschritt in der Geschichte. Allerdings beeilt sich Darwin hinzuzufügen, die genauen Ursachen kulturellen Fortschritts seien unbekannt; ja, man müsse zugeben, daß viele Kulturen sich kaum gewandelt hätten und daß die Fortschrittsidee jung sei. Ein kühleres Klima habe zivilisatorische Leistungen begünstigt, weil erforderlich gemacht, aber ein zu kaltes Klima sei zu streng für einen kontinuierlichen Fortschritt, wie die Eskimos bewiesen. Seßhaftwerdung und Ackerbau seien wichtige Faktoren der Kulturentwicklung; dabei sei davon auszugehen, daß die Landwirtschaft ihre Entstehung günstigen Zufällen verdanke.

Von besonderer Bedeutung sind Darwins Überlegungen zu der Frage, ob die natürliche Selektion auch in modernen Gesellschaften noch eine Rolle spiele. Er stellt nüchtern fest, daß in weniger entwickelten Gesellschaften die Schwächeren und Kränkeren ausstürben, während moderne Gesellschaften dies zu verhindern sich bemühten. Das habe die negative Auswirkung, daß Krankheiten sich ausbreiteten, die ansonsten mit den Kranken ausstürben. Freilich ist mit allem Nachdruck hervorzuheben, daß Darwin unter keinen Umständen etwa die Position Malthus' oder Nietzsches teilt, man solle von Hilfsaktionen zugunsten der Schwächeren absehen – Darwin war kein Sozialdarwinist. Weder kann man ihm das Übersehen von Gefahren noch das Zerstören der üblichen moralischen Standards vorwerfen.

> „Wir könnten, auch wenn durch harte Vernunft so stark genötigt, unser Mitgefühl ohne eine Verschlechterung im edelsten Teil unserer Natur nicht begrenzen. Der Chirurg mag hart werden, während er eine Operation vollzieht, denn er weiß, daß er für das Wohl seines Patienten wirkt; aber wenn wir vorsätzlich die Schwachen und Hilflosen vernachlässigten, könnte das nur

wegen eines möglichen Vorteils sein, um den Preis eines sicheren und großen gegenwärtigen Übels. Daher müssen wir ohne Klage die zweifelsohne schlechten Auswirkungen des Überlebens und der Fortpflanzung der Schwachen ertragen." (D I, 168 f.)

Allerdings favorisiert Darwin, ohne konkrete Vorschläge zu machen, eine „Steigerung" des einzig faktisch bestehenden Hindernisses dieser modernen Tendenz, nämlich daß die gesundheitlich stärker Angeschlagenen sich nicht in gleichem Maße fortpflanzen wie die Gesunden. Ferner beklagt Darwin den negativen Selektionswert des Krieges, der gerade die Gesündesten töte, während die Schwächeren ausgemustert würden, des Erstgeburtsrechts, das jüngeren Kindern weniger Entfaltungsmöglichkeiten gebe, selbst wenn sie tüchtiger seien, und schließlich des Zölibats (auch wenn er zugibt, daß große geistige Leistungen für die Menschheit mehr bedeuten als eine große Kinderzahl). Er beharrt darauf, daß der Erfolg einer Kultur von vielen, großenteils unbekannten, aber sicher auch außerbiologischen Faktoren abhänge, meint allerdings, daß beim Aufstieg der USA die natürliche Auslese eine große Rolle spiele, „da die energischeren, rastloseren und tapfereren Männer aus allen Teilen Europas während der letzten zehn oder zwölf Generationen in dieses große Land ausgewandert sind und dort am meisten Erfolg gehabt haben" (D I, 179). Ungeachtet der großen Übel, die aus der natürlichen Selektion und das heißt: aus der hohen Fortpflanzungsrate des Menschen folgten, sei es unklug, sich über sie zu beklagen, denn sie sei die Voraussetzung jeder Evolution – ohne natürliche Selektion gäbe es keinen Menschen. Dieser Gedanke wird am Ende des ganzen Buches noch einmal unterstrichen (D II, 403) – auf diese Stelle berief sich Darwin, als er es ablehnte, sich zugunsten Bradlaughs auszusprechen. Ein leichtes Spiel hat Darwin mit der von Erzbischof Whately und dem Herzog von Argyll vertretenen Theorie, bei den zeitgenössischen barbarischen Völkern handle es sich um aus einem vollkommeneren anfänglichen Zustand degenerierte Nationen. Bezeichnenderweise führt er nicht nur empirische Fakten gegen eine solche These an; ihr liege auch ein entwürdigendes Bild vom Menschen zugrunde. Der Glaube an einen – trotz einzelner Rückfälle – allgemeinen Fortschritt (der sich auch in der Zukunft fortsetzen werde) sei nicht nur wahrer, sondern auch ermutigender.

Die beiden letzten Kapitel des ersten Teils diskutieren die genealogische Frage und das Rassenproblem. Ungeachtet der immensen geistigen Unterschiede, die man aber z. B. auch innerhalb der Klasse der Insekten finde, gehöre der Mensch systematisch zu den Primaten. Die Übereinstimmung in zahlreichen unwesentlichen Strukturen und bei rudimentären Organen sei für ein natürliches, d. h. genealogisches System viel wichtiger als Differenzen in einem Organ wie dem Gehirn, die durch Anpassungsprozesse erklärt werden könnten – zumal man, anders als im Falle vieler anderer Organe, beim Gehirn und bei den geistigen Prozessen keine natürliche Grenze der Evolution sehe, die nicht überschritten werden könne. Der Mensch gehöre offenbar zu den Catarrhini, den Altweltaffen; seine direkten Vorfahren müßten Menschenaffen gewesen sein, und da er den Gorillas und Schimpansen am nächsten verwandt sei, sei es am wahrscheinlichsten, daß der Hominisierungsprozeß in Afrika begonnen habe. Dies ist eine beachtlich treffsichere Schlußfolgerung, wenn man bedenkt, wie wenig paläoanthropologisches Material man zu Darwins Zeit schon entdeckt hatte. Bezüglich der Datierung des Beginns der Hominisation ist sich Darwin unschlüssiger – man könne vielleicht bis zum Eozän zurückgehen. Darwin verfolgt die Ahnenreihe nach hinten bis zu den primitivsten Organismen – der Mensch wäre heute anders, wenn auch nur ein Glied der Kette anders ausgefallen wäre. Wir bräuchten uns unserer Vorfahren nicht zu schämen; denn – so heißt es an einer herrlichen Stelle, die an Aristoteles' berühmten Passus im ersten Buch von „De partibus animalium" (645 a 7 ff.) erinnert, wo er das Studium des Lebendigen preist –

„der niedrigste Organismus ist etwas viel Höheres als der anorganische Staub unter unseren Füßen; und niemand mit einem Geist ohne Vorurteile kann ein noch so niedriges lebendes Geschöpf studieren, ohne mit Enthusiasmus über seine wunderbare Struktur und Eigenschaften erfüllt zu werden." (D I, 213)

Da eines der Hauptergebnisse von der *Origin* die Untergrabung der strengen Unterscheidung zwischen Rassen und Arten war, sei die Frage, ob die unterschiedlichen Menschenrassen verschiedene Arten seien, zum Teil terminologisch; unter keinen Umständen könne man aber leugnen, daß sie einen gemeinsamen Ursprung und auffallendste Ähnlichkeiten hätten. Die unterschiedlichen Rassen und Ethnien stünden in Konkurrenz zueinander, was das Aussterben der schlechter ausgestatteten zur Folge habe; sie würden sich aber auch miteinander vermischen, so daß es keine scharfen Abgrenzungen gebe. Darwins Position ist weit entfernt von jenem sozialdarwinistisch argumentierenden Rassismus, der die Rassen zu metaphysischen Größen macht und für den die Machtüberlegenheit der einen Rasse Höherwertigkeit bedeutet – eine der ganz wenigen ernsten Auseinandersetzungen mit seinen Kindern hatte Darwin, als sein Sohn William sich abschätzig über die Gegner Edward John Eyres äußerte, der als Gouverneur von Jamaika einen Aufstand der Schwarzen mit Brutalität niedergeworfen hatte. Nach Darwin ist es schwer, die Rassenunterschiede mit den üblichen Kausalfaktoren einschließlich der natürlichen Auslese zu erklären (die Theorie der genetischen Drift, die man heute bei der Erklärung der Rassenunterschiede mitbenutzt, spielt bei ihm noch keine Rolle); plausibler sei es, sie als Wirkung der sexuellen Selektion zu deuten (die, wie er allerdings im zweiten Teil zu zeigen versucht, beim archaischen Menschen nur mit starken Einschränkungen operiere).

3.2. Die sexuelle Selektion

Die Theorie der sexuellen Selektion – bzw., um präzise zu sein, die spezifisch Darwinsche Pointierung dieser Theorie – gehört zu jenen Bestandteilen des Darwinschen Denkgebäudes, die zu seinen Lebzeiten weitgehend auf Ablehnung stießen und die bis heute wenigstens in ihrer Tragweite umstritten sind. Mehr als hundert Jahre lang blieb Darwins Werk die umfassendste Analyse dieses Problems, das übrigens schon Erasmus Darwin, einen Mann mit ausgesprochen erotischen Interessen, gefesselt hatte. Ob Charles Darwin in dieser Frage recht hat, ist weit mehr als eine biologische Detailfrage: Unser Bild von der Natur als ganzes ändert sich, wenn wir seinen Gedanken folgen. Gerade diese phantasievolle Ergänzung der Theorie der natürlichen Auslese beweist – unabhängig von ihrer Wahrheit –, daß Darwins Geist vielseitiger und subtiler war als derjenige Wallaces. Wie gesagt, hatte Darwin schon im vierten Kapitel der *Origin* mit dem Titel „Natural selection" der sexuellen Selektion einen kurzen Abschnitt gewidmet, um Eigenarten der Organismen zu erklären, die nicht unmittelbar ihr Überleben begünstigen, ja es sogar gefährden – sofern sie freilich ihre Fortpflanzungschancen erhöhten, sei ihre Evolution trotzdem plausibel. Das achte Kapitel von *The descent* klärt diesen Grundgedanken, der dann in den Kapiteln 9–20 am ganzen Tierreich bestätigt wird (Kap. 21 bietet eine allgemeine Zusammenfassung des Buches). Darwin folgt der traditionellen „scala naturae", beginnt also mit den niedrigsten Klassen des Tierreichs (in Kap. 9 werden die Stämme der Weichtiere und Ringelwürmer sowie innerhalb der Gliederfüßler die Krebse und die Spinnentiere behandelt), geht über zu den Insekten (der Ordnung der Lepidoptera, der Schmetterlinge, gilt das ganze elfte Kapitel), streift Fische, Amphibien und Reptilien (Kap. 12), widmet den Vögeln nicht weniger als vier Kapitel und endet mit den Säugetieren (Kap. 17–18) und dem Menschen (Kap. 19–20). Schmetterlinge, Vögel und Mensch sind die Ordnung, die Klasse bzw. die Art, die am meisten Aufmerksamkeit erhalten. Die Fülle an Informationen, die Darwin ausbreitet, ist überwältigend – vielleicht auch ermüdend, gelegentlich anekdotisch und sogar ungenau –, aber sie zeigt, worin Darwins wissenschaftliche Größe besteht: in der geduldigen Erprobung eines neuen theoretischen Gedankens an möglichst viel empirischem Material.

Darwins Theorie

Auch wenn Darwin natürlich weiß, daß es neben der geschlechtlichen auch die ungeschlechtliche Fortpflanzung gibt, stellt er sich nirgends ausdrücklich die Frage, wieso es denn überhaupt zur Sexualität gekommen sei. Bekanntlich hat dieses Problem die Biologie des 20. Jahrhunderts gequält, und in der Tat ist nicht leicht zu sagen, was an der geschlechtlichen Fortpflanzung die mit ihr verbundenen „Kosten der Meiose" (John Maynard Smith) eigentlich aufwiegt. Für Darwin ist die Sexualität einfach ein Faktum, und er beginnt sein zentrales achtes Kapitel, um das es im folgenden primär geht, mit der Feststellung, daß sich die Geschlechter einer Tierart oft nicht nur in primären, unmittelbar der Reproduktion dienenden, sondern auch in den von John Hunter so genannten sekundären Geschlechtsmerkmalen unterscheiden. Die Abgrenzung sei nicht immer einfach – man denke an bei der Kopulation eingesetzte Greiforgane bei den Männchen vieler niederer Tiere oder an die Beutel der Beuteltiere. Es gebe aber auf jeden Fall Unterschiede, z. B. in der Größe, der Stärke, der Kampfeslust, den Angriffs- und Verteidigungswaffen, der Färbung und Ornamentierung, dem Gesang, die nicht unter die primären Geschlechtsmerkmale zu subsumieren seien. Manchmal seien diese Unterschiede auf verschiedene Lebensformen der beiden Geschlechter zurückzuführen; manchmal hätten sie mittelbar mit dem Reproduktionsverhalten zu tun – ein Männchen, das nur eine kurze Zeit lebe, brauche weniger ausgebildete Organe für seine Ernährung als das entsprechende Weibchen, das für seine Eier sorgen müsse. Aber es gebe auch Fälle, wo allein die sexuelle Selektion die Unterschiede erklären könne.

„Diese hängt vom Vorteil ab, den einige Individuen über andere Individuen desselben Geschlechts und derselben Art haben, und zwar in ausschließlichem Verhältnis zur Fortpflanzung." (D I, 256)

Zwar sei bei manchen Organen nicht klar, ob die natürliche oder die sexuelle Auslese ihre Evolution gesteuert habe; aber es gebe auch solche, die sicher das Resultat der letzteren seien – z. B. Angriffs- und Verteidigungswaffen für die intraspezifische Auseinandersetzung um die Weibchen, Organe, die gewisse Locklaute erzeugen, oder bestimmte Duftdrüsen. Denn daß man ohne sie überleben und sich fortpflanzen könnte, wenn nicht gleichgeschlechtliche Konkurrenten um Partner da wären, bewiesen die Angehörigen des anderen Geschlechts, die ohne sie auskämen. So wie ein Züchter durch die Zulassung nur jener Tiere zur Fortpflanzung, deren Züge ihm am meisten gefielen, eine Hausrasse verbessern könne, so würden die Tiere durch ihre Wahl des Geschlechtspartners den Gang der Evolution mitbestimmen. Meistens seien es die Weibchen, die aus konkurrierenden Männchen auswählten, die sich oft in großer Zahl vor ihnen präsentierten und um ihre Gunst würben, und es sei keineswegs abwegig, ihnen dabei einen ästhetischen Geschmack zu unterstellen. Natürlich könnten wir nur durch einen Analogieschluß zu dem Ergebnis kommen, daß auch bei den Tieren die Weibchen ihre Partner wählten; aber der Bewohner eines anderen Planeten, der auf unserer Erde beobachtete, wie junge Bauern sich durch ihr Verhalten und ihre Kleidung um ein Mädchen bemühen, würde bei seinem Schluß, daß dies Mädchen eine Wahl ausübe, genau die gleiche Operation vollziehen (D II, 122).

Aber würde mit der Zeit nicht jedes Männchen gleichmäßig Gelegenheit zur Fortpflanzung erhalten, so daß alle Wirkungen der sexuellen Selektion sich verflüchtigten? Darwin versuchte diesen für seine Annahme in der Tat tödlichen Einwand anfangs dadurch auszuschließen, daß er von einer ungleichen Zahl der beiden Geschlechter (nicht notwendig bei der Geburt, sondern zum Zeitpunkt der Geschlechtsreife) ausging; aber die Informationen, die er zu dieser Frage mit der üblichen Gründlichkeit einholte, bestätigten seine Vermutung nicht. Es spricht für seine Vertiefung empirischer durch theoretische Arbeit, daß er schließlich (D I, 316ff.) sogar ein apriorisches Argument zugunsten eines Geschlechterverhältnisses von 1:1 entwickelte und damit in vereinfachter Form den in den heutigen Biologielehrbüchern dem großen theoretischen Biologen Ronald Fisher, der wie wenige andere Genetik und Darwinismus verband, zugeschriebenen Gedanken vorwegnahm. Dieser lautet verkürzt: Man nehme an, das Geschlechterverhältnis sei ungleich (und, so fügt Fisher zunächst als weitere Prämisse hinzu, der Aufwand bei der Aufzucht beider Geschlechter sei derselbe). Dann ist ein Geschlecht seltener und als solches für die Fortpflanzung wertvoller. Daher besteht für einen Organismus ein Selektionsdruck dahingehend, mehr Nachkommen des selteneren Geschlechts zu haben, und das muß zu einer Annäherung an das Verhältnis 1:1 führen. In *The descent* gründet Darwin nach dem Scheitern seiner ersten Hypothese die Realität der sexuellen Auslese auf folgende Annahmen: Erstens geht er davon aus, daß die stärkeren Weibchen diejenigen sind, die zuerst wählen, und daß sie es sind, die eine größere Nachkommenschaft hinterlassen – damit aber auch die durch ihre sexuellen Präferenzen bevorzugten Männchen. Zweitens weist er darauf hin, daß bei polygamen Arten die gleiche Wirkung eintritt, wie sie bei ungleichem Geschlechterverhältnis erfolgen würde, nämlich daß sich nicht alle Individuen fortpflanzen können. In der Tat hat die spätere Forschung Darwins Beobachtung bestätigt, daß der sexuelle Dimorphismus bei polygynen Tieren im allgemeinen ausgeprägter ist als bei monogamen. Warum er auch bei monogamen Arten vorkommt, ist nicht vollständig geklärt; die von Darwin genannte Ursache ist sicher nur eine von mehreren. Klar ist natürlich, daß völlige Promiskuität, d.h. das Fehlen jeder Wahl, mit sexueller Auslese nicht vereinbar ist.

Warum bewerben sich in der Regel (allerdings keineswegs ausnahmslos) die Männchen um die Weibchen und nicht umgekehrt –

was zur Folge hat, daß es meist die Männchen sind, die durch die sexuelle Selektion modifiziert werden? Darwin gibt zuerst die recht anthropomorphe Begründung, die Männchen seien leidenschaftlicher, aber er führt in einem zweiten Schritt diese Erklärung auf eine grundlegendere zurück, die nicht mehr auf Bewußtseinsqualitäten fußt, nämlich daß die männlichen Gameten kleiner und beweglicher (sowie, muß man ergänzen, zahlreicher) als die weiblichen sind. Es wäre eine Verschwendung von Energie, wenn beide Geschlechter einander umwürben; und daß bei den ersten, noch seßhaften Organismen mit Geschlechtsdifferenzierung die männlichen Gameten sich auf die weiblichen zubewegten, ergebe sich daraus, daß jene besser beweglich seien als diese. Diese Tendenz werde in der weiteren Evolution beibehalten. Darwins Erklärung ist unvollständig: Entscheidend für die weitere Evolution ist die Tatsache, daß die Investition in ein Ei wesentlich größer ist als diejenige in ein Sperma und daß man daher mit jenem aus ökonomischen Gründen wesentlich vorsichtiger umgehen muß als mit diesem; ein Männchen mag mehrere Weibchen gleich hintereinander befruchten, ein Weibchen ist durch die Befruchtung zunächst einmal gebunden und muß daher wählerischer sein. Aber seine Erklärung setzt am richtigen Ausgangspunkt an. Darwin schließt nicht aus, daß der Ausleseprozeß bei beiden Geschlechtern stattfinden könnte; aber ein solcher Prozeß sei weniger effizient als ein einseitiger Selektionsprozeß (D II, 210) – was auch immer „Effizienz" hier bedeuten soll – und würde nicht zu einem Sexualdimorphismus führen, wenn man nicht von der seiner Meinung nach unplausiblen Voraussetzung ausginge, die beiden Geschlechter hätten einen unterschiedlichen ästhetischen Geschmack. Selbst wenn beide Geschlechter einander in ihren Ornamenten ähnelten, sei es plausibler anzunehmen, die von den Männchen erworbenen Qualitäten seien ausnahmsweise auch an den weiblichen Nachwuchs vererbt worden, als von einer doppelten sexuellen Selektion auszugehen. Ausführlich diskutiert Darwin sogenannte Gesetze der Vererbung, wie etwa die Vererbung zu einem bestimmten Zeitpunkt des Lebens, zu einer bestimmten Jahreszeit, an nur ein Geschlecht – hier freilich merkt man, welche Fortschritte die Biologie seither gemacht hat: Darwin tappt im dunklen, da er weder geschlechtsgebundene Genwirkungen noch Hormone kennt.

Mit aller Klarheit hebt Darwin hervor, daß die sexuelle und die natürliche Selektion in gegenläufige Richtungen tendieren können. Ein prachtvolles Farbenkleid z. B. mag durch die sexuelle Auslese favorisiert werden, während die natürliche Selektion zumindest bei Beutearten in der Regel unauffälligere Farben begünstige. Die sexuelle Selektion wirke einerseits weniger direkt und brutal, als es die natürliche oft sei – sie führe nicht zum Tod, sondern nur zu reduzierter Fortpflanzung; andererseits enthalte sie keinen eigenen Grenzwert für erfolgreiche Anpassungen, so daß immer weitergehende Steigerungen denkbar seien. Das Stoppzeichen für eine bestimmte Entwicklung komme von der natürlichen Selektion, also wenn ein sekundäres Geschlechtsmerkmal das Überleben in hohem Maße gefährde. Am Ende des Kapitels diskutiert Darwin die Frage, ob die natürliche Auslese die Fruchtbarkeit begrenzen könne. Seine Ausführungen sind aus zwei Gründen interessant: einerseits weil Darwin zeigt, daß eine der Voraussetzungen der natürlichen Auslese, die Überproduktion, durch eben ihr Resultat eingeschränkt werden kann, andererseits weil diese Diskussion sich ausschließlich des Gedankens der individuellen Selektion bedient – die Gruppenselektion spielt keine Rolle. Zunächst scheint der Gedanke der natürlichen Auslese zu einer unbegrenzten Steigerung der Fruchtbarkeit führen zu müssen, denn die fruchtbareren Tiere werden mehr Nachkommen hinterlassen als die weniger fruchtbaren.

> „Das einzige Hindernis einer fortgesetzten Vermehrung der Fruchtbarkeit in jedem Organismus scheint entweder die Verausgabung von mehr Kraft und die größeren Risiken, die die Eltern laufen, die eine zahlreichere Nachkommenschaft produzieren, zu sein oder aber die Möglichkeit, daß sehr zahlreiche Eier und Jun-

gen von geringerer Größe, die schwächer sind oder nachher nicht so gut ernährt werden, produziert werden.“ (D I, 319)

Kurz, es geht nicht um die größtmögliche Zahl von geborenen, sondern um diejenige von überlebenden Nachkommen, und diese kann sehr wohl durch die Beschränkung der Nachkommenzahl maximiert werden. Allerdings ist nicht klar, wie letztere erreicht werden kann, wenn einmal eine übergroße Fruchtbarkeit besteht. Gewiß litten alle an einem Zustand der Überbevölkerung; doch hätten die Nachkommen der ihre Fruchtbarkeit beschränkenden Eltern – so scheint es zunächst – keinen Vorteil vor den anderen, wenn sie denselben Lebensraum teilten und um dieselbe Nahrung konkurrieren müßten.

> „Die Nachkommenschaft der weniger fruchtbaren Eltern würde in der Tat unter einem großen Nachteil leiden, denn aufgrund der einfachen Tatsache, daß sie in geringerer Zahl produziert würden, wären sie am ehesten dem Risiko des Aussterbens ausgesetzt. Indirekt jedoch würden sie an einem großen Vorteil teilhaben; denn unter der vorausgesetzten Bedingung strenger Konkurrenz, wenn alle unter Nahrungsmangel litten, ist es äußerst wahrscheinlich, daß jene Individuen, die aufgrund einer Variation in ihrer Verfassung weniger Eier oder Junge produzierten, sie größer oder stärker produzierten; und die erwachsenen Tiere, die aus solchen Eiern oder Jungen großgezogen würden, hätten offenbar die höchste Überlebenschance und würden eine Tendenz zu verringerter Fruchtbarkeit vererben.“ (D I, 319f.)

Nur durch einen individuellen Nutzen für die betreffenden Organismen und ihre Nachkommen, nicht durch einen Nutzen für die ganze Population oder Art hätte ein solcher Wechsel also eine Erfolgschance.

Es würde den Rahmen dieses Buches völlig sprengen, wenn wir versuchten, der Fülle von Darwins Detailanalysen gerecht zu werden. Nur einige Punkte sollen kurz herausgegriffen werden. Um den ästhetischen Sinn der Tiere zu belegen, verweist Darwin auf die Farbenpracht und die Schönheit bestimmter Muster schon bei den Insekten, auf die Erzeugung von, wie er sagt, Vokal- und Instrumentalmusik bei den Vögeln, auf die Komplexität von Balztänzen, schließlich auf die architektonischen Leistungen der Laubenvögel. (Er erkennt noch nicht, daß deren Lauben um so schöner sind, je unauffälliger die Tiere selbst sind, daß jene also gleichsam eine Transferleistung aus dem Körper auf ein Kunstobjekt darstellen.) Entscheidend ist natürlich auch in diesem Zusammenhang die These einer graduellen Evolution, die Darwin in großartiger Weise an einem der vollkommensten Gebilde der organischen Welt, den Ozellen auf den Federn der Flügel des Argusfasans, plausibel macht (D II, 141ff.). Seine Argumentation in diesem Fall belegt nicht nur seine exzellente Beobachtungsgabe, sondern auch seinen Sinn für optische Schönheit, der bei einem Enkel Josiah Wedgwoods nicht überrascht. (Seine Analysen des Vogelgesangs haben bei weitem nicht die gleiche Präzision.) Was den Menschen betrifft, so hebt Darwin die Anomalie hervor, daß es hier die Frau ist, die sich schön macht, und schließt daraus, daß in den ältesten Gesellschaftsformationen die Frau keine Wahl ausüben konnte, sondern diese dem Manne zustand (D II, 371). Er erklärt dies u. a. mit der geistigen Überlegenheit des Mannes gegenüber der Frau, die für ihn evident ist – sicher einer der zeitgebundensten Abschnitte seines Werkes (D II, 326ff.). Immerhin plädiert er für eine umfassende Erziehung der Frauen.

Zur Bedeutung von Darwins Entwurf

Was ist zu Darwins Theorie der sexuellen Auslese zu sagen? Zunächst sind zwei Einwände zu machen, die mehr terminologischer Natur sind. Natürliche und sexuelle Selektion sollten unter einen einzigen Begriff zusammengefaßt werden (heute verwendet man als Oberbegriff den der natürlichen Selektion), denn in beiden geht es um ein gemeinsames Ziel, nämlich darum, die Zahl der eigenen Gene in den kommenden Generationen zu maximieren. Das Überleben ist einerseits ein notwendiges Mittel der Fortpflanzung, andererseits geht es um überlebensfähige Nachkommen. Bezieht man die sexuelle Selektion auf die Fortpflanzung, ist zudem nicht einzusehen, warum nicht etwa auch die Entwicklung der primären Geschlechtsorgane oder des Brutpflegeverhaltens ihr zugeschrieben werden sollten; auch können Resultate der sexuellen Auslese durchaus in einem Monomorphismus bestehen, wie Darwin selbst anerkennt, so daß sein Ausgangspunkt beim sexuellen Dimorphismus irreführend ist. Ferner ist es sinnvoll, innerhalb der sexuellen Selektion zwei verschiedene Formen terminologisch zu unterscheiden, die Darwin zusammennimmt, was schon Wallace kritisierte – die Auseinandersetzung zwischen den Angehörigen des gleichen Geschlechts um Partner, also die intrasexuelle Selektion, und die sexuelle Anziehung von Partnern, also die intersexuelle (oder epigamische) Selektion (freilich kann es im Einzelfall schwierig sein, Wirkungen der einen von Wirkungen der anderen Selektionsform zu unterscheiden, doch gilt das auch für die natürliche und die sexuelle Auslese). Immerhin macht Darwin an einigen Stellen (z.B. D II, 398) innerhalb der Formen der sexuellen Selektion genau diese Unterscheidung, allerdings ohne sich eigener Termini zu bedienen. Eine dieser Stellen sei auch deswegen zitiert, weil sie eindeutig beweist, daß Darwin keineswegs davon ausgeht – was ihm oft unterstellt wurde –, daß die intersexuelle Selektion in jedem Fall wichtiger sei als die intrasexuelle, deren Existenz offenkundig ist und auch von Wallace nicht bestritten wurde:

> „Wir werden ferner sehen, und dies hätte nie antizipiert werden können, daß die Macht, die Weibchen zu bezaubern, in einigen wenigen Fällen wichtiger gewesen ist als die Macht, andere Männchen im Kampfe zu überwinden." (D I, 279)

Zwar ist es richtig, daß die Beispiele, die Darwin anführt, zum größeren Teil aus dem Bereich der intersexuellen Selektion stammen, aber das läßt sich leicht damit erklären, daß dies der kontroversere Bereich war, der eher Belege bedurfte. Die Unterscheidung beider Formen ist im übrigen hilfreich, um das von Darwin nur zum Teil gelöste Problem zu klären, warum auch bei monogamen Arten die sexuelle Auslese greift; die intrasexuelle Selektion etwa um gute Reviere bleibt bestehen. Schließlich ist man sich heute darüber einig, daß manche der Eigenschaften, die Darwin der sexuellen Auslese zuschreibt, Wirkungen der natürlichen sind, etwa die weiße oder schwarze Farbe diverser Vögel (D II, 229). Darwin unterschätzt, anders als Wallace, die Bedeutung von Mimikry und Mimese bei seiner Erklärung der Farben der Tiere, und er kennt noch nicht die thermodynamische Funktion bestimmter Farben. Er rechnet zwar theoretisch mit der Möglichkeit, daß die altersmäßige oder saisonale Begrenzung bestimmter sexueller Geschlechtsmerkmale durch die natürliche Selektion bedingt sein kann, ist aber nicht der Ansicht, daß sie in der Wirklichkeit eine große Rolle spielt (D II, 218). Auch sind die Auswirkungen der häufig unterschiedlichen Lebensform der beiden Geschlechter auf ihren Dimorphismus, die Darwin als Folge der natürlichen Auslese grundsätzlich anerkennt, im einzelnen größer als er dachte. Da Hybride im allgemeinen für die Eltern eine Fehlinvestition sind, ist endlich davon auszugehen, daß manche der komplexen Muster von Tieren die Funktion isolierender Mechanismen ausüben, also die rasche Unterscheidung ähnlicher Arten erlauben sollen.

Und doch ändert das alles erstens nichts daran, daß die Weibchen vieler Tiere ihre Partner eindeutig auswählen: Klare sexuelle Präferenzen sind schon bei Insekten nachgewiesen. Besonders beachtenswert ist dabei, daß die Theorie der sexuellen Selektion der Sphäre der Intentionalität wieder einen gewissen Stellenwert zugesteht, die Darwins Ersetzung der göttlichen Absichten durch die natürliche Auslese zunächst einmal beseitigt hatte: Die Organismen sind, was sie sind, nicht weil sie Gott unmittelbar so gewollt hat, sondern, zum Teil wenigstens, weil sie die Sexualpartner ihrer Vorfahren (und bei den Haustieren deren Züchter) so gewollt haben. Wiederum hebt Darwin hervor, daß seine Erklärung eher mit der Religion in Einklang stehe als etwa die Auffassung des Herzogs von Argyll, für den Variation ein Zweck der Natur sei.

> „Ich wollte, der Herzog hätte erklärt, was er hier mit ‚Natur' meint. Ist damit gemeint, daß der Schöpfer des Universums diversifizierte Ergebnisse für seine eigene Befriedigung oder für die des Menschen eingerichtet hat? Die erste Vorstellung scheint mir so sehr der gebotenen Ehrfurcht zu ermangeln als die zweite unwahrscheinlich zu sein. Geschmackswillkür bei den Vögeln selbst scheint mir eine passendere Erklärung." (D II, 230)

Zweitens spricht manches dafür, daß bei der Partnerwahl ein im einzelnen schwer zu bestimmender ästhetischer Sinn eine Rolle spielt. Die zweite These ist die eigentlich interessante, denn es wäre ja auch denkbar, daß die Präferenzen der Weibchen sich nach der antizipierten Überlebensfähigkeit der Männchen allein richteten, und in diesem Falle würden die natürliche und die sexuelle Selektion in die gleiche Richtung tendieren und sich gleichsam nur wechselseitig verstärken. Darwin geht an einer Stelle von dieser keineswegs zwingenden Annahme aus:

> „Die Weibchen werden am meisten erregt durch oder ziehen die Paarung mit den am schönsten geschmückten Männchen vor bzw. den besten Sängern bzw. den besten Tänzern; aber es ist natürlich wahrscheinlich, wie in Wirklichkeit in einigen Fällen beobachtet wurde, daß sie gleichzeitig die stärksten und lebhaftesten Männchen bevorzugen würden." (D I, 262; vgl. II, 400)

Und doch besteht die eigentliche Pointe der Theorie der sexuellen Auslese als einer von der natürlichen Selektion verschiedenen Form darin, daß dies nicht immer der Fall ist und es sogar sexuell nachgefragte Schönheit gibt, die unter Überlebensgesichtspunkten neutral, ja sogar schädlich ist – daß also die Weibchen manchmal ein Männchen vorziehen, das weniger fähig ist zu überleben als ein häßlicherer Konkurrent. Darwin erkennt dies an anderen Stellen durchaus an. Da er sich nicht darum bemüht, die Präferenzen der Weibchen kausal zu erklären, sondern sie (ähnlich dem Umgang der meisten neoklassischen Nationalökonomen mit Präferenzen) vielmehr als gegebene Daten akzeptiert, um auf ihrer Grundlage die Evolution des sexuellen Dimorphismus zu erklären (D II, 353), kann er damit das leisten, was er will – die Lücken der Theorie der natürlichen Selektion zu schließen. Allerdings hat schon Ronald Fisher die sexuellen Präferenzen nicht mehr als etwas einfach Gegebenes behandelt, sondern ihre Variation untersucht. Stellt man sich auf diesen Standpunkt, ist es in der Tat nicht einfach, der Konsequenz auszuweichen, daß natürliche und sexuelle Auslese konvergieren müssen – denn jene Weibchen, deren sexuelle Präferenzen in die Richtung barer Überlebensfähigkeit variieren, müßten vor denjenigen begünstigt werden, die eine wertlose oder sogar schädliche Schönheit favorisieren. (Jedoch ist folgender Punkt hervorzuheben: Wenn ein einzelnes Weibchen sich plötzlich auf Kosten ästhetischer für überlebensrelevante Eigenschaften entscheidet, werden ihre Nachkommen vielleicht länger überleben, aber sofern nicht auch andere Weibchen ihren Präferenzwechsel mitmachen, werden ihre Söhne selber kaum Nachkommen haben.) Selbst die Erklärung, bestimmte Merkmale hätten sich zuerst aufgrund der natürlichen Selektion entwickelt und seien nachträglich durch die sexuelle Selektion übertrieben worden, scheint mit dieser Konsequenz im Widerspruch zu stehen. Daher ist die moderne Biologie über jede gelungene Reduktion einer bei Darwin durch die sexuelle Auslese erklärten Eigenschaft auf eine solche, die dem Überleben dient, glücklich – energisches Auftreten beim Werbeverhalten könnte etwa ein Indiz dafür sein, daß das Tier weniger Blutparasiten habe als trägere Konkurrenten. A. Zahavi hat sogar die paradoxe (und wenig plausible) Theorie aufgestellt, das Handicap, das ein sekundäres Geschlechtsmerkmal manchmal darstellt, werde vom Partner so gedeutet: Wenn das betreffende Individuum mit diesem Handicap (etwa übergroßen, der Fortbewegung hinderlichen Schwingen und Schwanzfedern) überlebt habe, müsse es daneben über besondere überlebensrelevante Fähigkeiten verfügen.

Darwin geht freilich davon aus, daß der ästhetische Sinn (und damit die entsprechenden Gehirnstrukturen) einer Art entweder weitgehend konstant ist oder sich nur höher entwickeln kann. Seine Annahme ist nicht prinzipiell unsinnig – J. D. McPhail wies 1969 nach, daß in einer mindestens viertausend Jahre alten Population von aufgrund der natürlichen Selektion schwarzbäuchig gewordenen Männchen des Fisches Gasterosteus aculeatus die Weibchen in Aquariumexperimenten immer noch in der Proportion 5:1 rotbäuchige Männchen vorziehen. Nach Darwins Auffassung scheint das Schöne nicht selbst ein Resultat der Evolution, sondern vielmehr ihre einschränkende Bedingung zu sein: Etwas ist nicht schön, weil es sich in der Evolution durchsetzt, sondern etwas hat nur dann eine Chance, sich in der Evolution langfristig durchzusetzen, wenn es gewissen Schönheitsstandards nicht widerspricht. Man kann hier eine überraschende Nähe zu Adolf Portmann sehen, dessen Begriff der Selbstdarstellung allerdings mehr produktionsästhetischer Natur ist, während derjenige der sexuellen Selektion rezeptionsästhetisch ist – aber beide Ansätze sind miteinander vereinbar. In der Tat folgt aus der Darwinschen Theorie keineswegs, daß die klassischen Transzendentalien naturalistisch definiert werden sollten; sie ist mit einer Theorie kompatibel, nach der das Gute, Wahre und Schöne an sich existieren und durch die Mechanismen der Evolution in der Wirklichkeit nur entfaltet werden. (Natürlich ist die sexuelle Auslese nicht die einzige Weise, der Schönheit zur Wirklichkeit zu verhelfen; sie mag auch die Nebenfolge mathematischer Strukturen oder physikalisch-chemischer Gesetze sein – vgl. etwa D I, 323.) Ein Hinweis auf Darwins Glauben an eine objektive, evolutionsunabhängige Schönheit ist etwa folgende Stelle:

> „Im Ganzen scheinen Vögel die ästhetischsten aller Tiere zu sein, mit Ausnahme natürlich des Menschen, und sie haben fast denselben Geschmack für das Schöne wie wir." (D II, 39)

Nach Darwin ist es unvermeidlich anzunehmen, daß das Weibchen des Argusfasans, dessen Federn Künstler begeistern, über einen ganz außergewöhnlichen, dem menschlichen nahekommenden Sinn für das Schöne verfüge – auch wenn das eine wunderbare Tatsache sei (D II, 93, 400 f.). Allerdings räumt er ein, daß das nicht für alle Arten gelte, die über unterschiedliche, von den unseren sehr abweichende Schönheitsstandards verfügen könnten (D II, 67, 281, 310), so wie auch die menschlichen Rassen verschiedene Schönheitsvorstellungen hinsichtlich des menschlichen Körpers hätten (D II, 353). Aber Darwin geht nicht davon aus, daß Schönheit immer nur relativ zu einer Art sei – er spricht im Gegenteil von einem Fortschritt in der Schönheit im Laufe der Evolution (D II, 223). *The descent of man* ist ein biologisches Werk, aber es enthält eine Fülle wichtiger ästhetischer Überlegungen – in der Verbindung zwischen beiden Disziplinen besitzt es eine geheimnisvolle Ähnlichkeit zu Kants *Kritik der Urteilskraft,* deren Fragestellungen auf der Grundlage des Darwinismus neu durchdacht werden müßten, freilich bei Bewahrung jener engen Verbindung der Theorie des Schönen mit der Theorie des Lebendigen. Vermutlich würde sich auch herausstellen, daß aufgrund des Festhaltens an einer objektiven Schönheit Darwins Theorie von der traditionellen Metaphysik gar nicht so weit entfernt ist – das Schöne an sich ist zwar nicht Sekundärursache irgendeines schönen Organs, wohl aber, wenn man sich auf die Frage einläßt, warum die Naturgesetze so sind, wie sie sind, zum Teil idealer Grund einer Welt, in der das Streben nach Schönheit lange vor dem Auftreten des Menschen eine wichtige Rolle spielt und in der der Mensch seine eigene Abstammung dieser Ursache mitverdankt.

4. „Der Ausdruck der Gefühle bei Mensch und Tier“

Darwins drittes theoretisches Buch ist von allen seinen Werken dasjenige gewesen, das am Anfang am besten verkauft wurde. Das ist angesichts des ansprechenden Themas nicht erstaunlich, nämlich des tierischen und menschlichen Ausdrucksverhaltens, insbesondere der Mimik und (in geringerem Maße) der Gestik. Ignoriert hat Darwin allerdings die „sogenannte Wissenschaft“ Physiognomik, die, wenn sie überhaupt sinnvoll sei, auf die Lehre von den Ausdrucksbewegungen zurückgeführt werden müsse, die bei verschiedenen Personen zu unterschiedlichen Fixierungen im Gesicht führen könnten (E 364f.). Mit Nachdruck hebt Darwin die soziale Bedeutung der Sprache der Emotionen hervor – Ausdrucksbewegungen dienten in frühester Kindheit als wichtigstes Kommunikationsmittel, und auch nach dem Erwerb einer begrifflichen Sprache verrieten sie häufig eher als diese die wahren Intentionen; sie trügen ferner entscheidend zur Entwicklung von Empathiegefühlen bei. Sicher haben auch die zahlreichen anschaulichen Zeichnungen und Photographien zum Erfolg von Darwins Buch beigetragen – einem der ersten, das überhaupt Photographien enthielt. Um so überraschender ist die Tatsache, daß es fast ein Jahrhundert lang nur eine geringe Wirkung ausgeübt hat (immerhin wurde es von William James und Sigmund Freud zitiert, deren Psychologien evolutionäre Aspekte berücksichtigen). Paul Ekman nennt fünf Gründe: Sowohl die anthropomorphe Sprache als auch die anekdotische Methode, die wie für *The descent of man* so auch für dieses Werk und die Arbeiten von Darwins unmittelbarem Schüler George Romanes charakteristisch sind, haben die damals entstehende experimentelle Psychologie gestört, die ihre Wissenschaftlichkeit über Laborversuche definierte. Drittens haben Darwins Überzeugung, die meisten Ausdrucksbewegungen seien angeboren, und seine Unterschätzung des Zusammenspiels zwischen biologischen und kulturellen Faktoren bei deren Entwicklung eine Psychologie vor den Kopf gestoßen, die in der ersten Hälfte des 20. Jahrhunderts stark vom Behaviorismus beeinflußt war. Umgekehrt hat bei Biologen Darwins Restlamarckismus Anstoß erregt, der in seiner Theorie der Ausdrucksbewegungen eine beträchtliche Rolle spielt. Allerdings kann man darin einen der liebenswürdigsten Züge Darwins erkennen, daß er, wie Konrad Lorenz treffend gesagt hat, einer der wenigen Theoretiker ist, die ihre Entdeckung nicht übergeneralisiert (wie etwa Freud), sondern im Gegenteil unterschätzt haben. Nichts hindert uns heute daran, z.B. beim Instinktbegriff darwinistischer als Darwin zu sein. Und fünftens legt Darwin auch in diesem Werke einen bemerkenswerten Sinn für allgemeine Prinzipien an den Tag, von denen ausgehend er Fakten ordnet und Hypothesen herleitet – was viele rein empirisch arbeitende Ethologen, Anthropologen und Psychologen mit Mißtrauen erfüllt.

Dabei ist das Revolutionäre an Darwins Buch, daß es mit einer Philosophie des Ausdrucks bricht, die sich einer Form von Erklärung bediente, die auf vage Zusammenhänge zwischen äußerem Verhalten und mentalen Qualitäten verwies (etwa beim Maler Ch. Le Brun, aber auch beim Lavater-Herausgeber M. Moreau und dem Anatomen P. Gratiolet). Hingegen erkennt Darwin die Leistungen Charles Bells sowie Herbert Spencers an, der einige richtige allgemeine Ideen habe, sie aber nicht im einzelnen sorgfältig ausarbeite. Bell wirft Darwin vor, daß er zu Unrecht annehme, einige der menschlichen Gesichtsmuskeln seien ausschließlich um des Ausdrucksverhaltens willen da. Dagegen spreche die einfache Tatsache, daß die Menschenaffen über dieselben Muskeln verfügten. Überhaupt ist es Darwins Anliegen, die menschlichen Ausdrucksbewegungen, denen Kapitel 6–13 gelten, in Kontinuität mit den tierischen zu interpretieren, die in Kap. 4–5 erörtert werden. Es spricht für die Weite seines Geistes, daß er sich, wie er schreibt, sechs unterschiedlicher Methoden bediente, um seine Fragestellung zu behandeln. Erstens stützte er sich auf Beobachtungen an Kindern, da in ihnen die Ausdrucksbewegungen noch kraftvoll und unverfälscht seien. Zweitens interessierte er sich aus einem ähnlichen Grund für Geisteskranke (schon in den Notebooks M und N finden sich viele Bemerkungen zu Kindern und seelisch Kranken, und der Nachlaß enthält eine Fülle von Photographien von Geistesgestörten). Drittens zeigte er über zwanzig Versuchspersonen Photographien, die B. Duchenne von einem alten Mann mit wenig sensitiver Haut gemacht hatte, dessen Gesichtsmuskel er elektrisch gereizt hatte, und fragte sie, welche Emotionen das Gesicht ausdrücke. Viertens studierte er die Werke von Malern und Bildhauern. Fünftens versandte er, um herauszufinden, welche Ausdrucksbewegungen allgemeinmenschlich sind und daher vermutlich eine biologische Basis haben, einen Fragebogen an 36 Personen, die im Ausland lebten, u. a. an Missionare (wobei seine Art zu fragen die Antworten zum Teil präjudiziert haben mag). Sechstens konzentrierte er sich auf Beobachtungen von Tieren, bei deren Ausdrucksbewegungen kulturelle Faktoren keine Rolle spielen können und in die wir weniger hineinzuinterpretieren geneigt sind.

Auch wenn Darwin kein experimenteller Psychologe ist, sind seine eigenen Beobachtungen im allgemeinen von bewundernswerter Genauigkeit, ja, es ist nicht auszuschließen, daß er auf beiläufige Weise Dinge wahrnehmen konnte, die in einer Versuchssituation untergegangen wären. Es ist geradezu unheimlich, mit welcher Präzision und Distanz er seine nächsten Angehörigen, aber auch sich selbst in emotional erregten Situationen zu beobachten vermochte. Selbst wenn er Zug fuhr, ruhte sein Beobachterblick nicht, wie die Schilderung einer ihm gegenübersitzenden unbekannten alten Dame belegt (E 193f.). Die Stelle ist deswegen so typisch für Darwin, weil er sich einerseits mit naturwissenschaftlicher Objektivität der wissenschaftlichen Termini für einzelne

Muskeln bedient; andererseits bricht eine starke Empathie und die eigene Erinnerung an den nie verwundenen Tod seiner Lieblingstochter durch, wenn er aus den Zuckungen der *depressores anguli oris* und dem Feuchtwerden der Augen schließt, jene Dame habe vielleicht an ein verstorbenes Kind gedacht. Darwin war sich der methodischen Probleme durchaus bewußt, die die Beobachtung von Ausdrucksverhalten mit sich bringt:

> „Das Studium des Ausdrucks ist schwierig, da die Bewegungen oft minimal und vorübergehender Natur sind. Ein Unterschied mag klar wahrgenommen werden, und doch mag es unmöglich sein – jedenfalls habe ich es so empfunden –, festzustellen, worin der Unterschied besteht. Wenn wir Zeugen einer tiefen Emotion werden, ist unsere Sympathie so stark erregt, daß genaue Beobachtung vergessen oder fast unmöglich gemacht wird. […] Unsere Einbildungskraft ist eine weitere und noch ernsthaftere Quelle des Irrtums; denn wenn wir aufgrund der Natur der Umstände einen Ausdruck zu sehen erwarten, stellen wir uns bereitwillig seine Gegenwart vor." (E 12f.)

Damit im Zusammenhang steht wohl Darwins Einsicht, daß seine vierte Methode am wenigsten abwarf: „Der Grund ist zweifelsohne, daß in Kunstwerken Schönheit der Hauptgegenstand ist; und stark kontrahierte Gesichtsmuskeln zerstören die Schönheit" (E 14 mit Berufung auf Lessings *Laokoon*). Ähnlich schreibt er über die griechischen Bildhauer, daß sie der Schönheit die Wahrheit opferten (E 183). Daß er sich gelegentlich auf William Hogarth beruft, steht damit nicht in Widerspruch, da Hogarth nicht gerade idealisiert; aber auch Fra Angelico und Leonardo da Vinci werden angeführt. Häufiger zitiert Darwin Dichter, immer wieder Homer und Shakespeare, gelegentlich auch Zeitgenossen wie Charles Dickens, Elizabeth Gaskell und Walter Scott. Man fragt sich, ob er sich des Films als Quelle für Ausdrucksbewegungen bedient hätte, wenn er diese Kunstform noch erlebt hätte.

Nicht eigens führt er zwei weitere Methoden an, die im Buch verwendet werden: Um die Frage der Angeborenheit von Ausdrucksbewegungen zu entscheiden, beruft er sich immer wieder auf die taubblinde Laura Bridgman; schließlich spielen Etymologien eine auffällige Rolle beim Versuch, den Ursprung bestimmter Verhaltensformen zu entdecken. Diese Methode erinnert ebenso wie das Interesse an Kindern, Geisteskranken und archaischen Völkern stark an Vicos Philosophie der menschlichen Urzeit. Freilich ist Darwin primär evolutionärer Biologe. Daher sieht er es als entscheidendes Qualitätskriterium einer Theorie der Ursachen der Ausdrucksbewegungen an, ob sie tierisches wie menschliches Verhalten gleichermaßen zu erklären vermöge. Wie die Struktur eines Organs erst durch die embryologische Analyse seiner Entstehung völlig klarwerde, so müsse auch das Ausdrucksverhalten in seinen Anfängen untersucht werden (E 223). Als physiologisch ausgebildeter Biologe beginnt er seine eigentliche Argumentation mit Abbildungen der menschlichen Gesichtsmuskeln.

Die ersten drei Kapitel des Buches behandeln drei Prinzipien, die nach Darwin dem Ausdrucksverhalten zugrunde liegen, wobei er genau weiß, daß es ihm nicht gelungen ist, alle Ausdrucksformen auf sie zurückzuführen, daß viel unerklärt bleibt und daß seine Analysen häufig spekulativ sind. Bei sehr vielen Ausdrucksbewegungen spielen nach seiner Auffassung zwei oder sogar drei der Prinzipien zusammen eine Rolle. Das erste Prinzip besagt, daß eine Klasse von Ausdrucksbewegungen gleichsam der verkürzte Ausdruck für komplexere Handlungen ist, die regelmäßig mit verwandten, aber stärkeren Emotionen verbunden sind; Assoziation und Gewohnheit lösen diese Ausdrucksbewegungen aus, wobei der Wunsch, sie im Zaum zu halten, dazu führen kann, daß die Muskeln, die am wenigsten unter der Kontrolle des Willens sind, am meisten tätig bleiben und sogar daß andere Bewegungen zum Ausdruck kommen, die erforderlich sind, um jene ersten Bewegungen zu bändigen. Als Beispiel führt Darwin an:

> „Ich habe bemerkt, daß Personen beim Beschreiben eines schrecklichen Anblicks ihre Augen oft für einen Augenblick fest schließen oder ihren Kopf schütteln, als ob sie etwas Unerfreuliches nicht sehen oder vertreiben wollten; und ich habe mich selbst dabei ertappt, daß ich meine Augen fest schloß, als ich im Dunkeln an ein schreckliches Schauspiel dachte." (E 33)

Die Anspannung der Muskeln, das Ballen der Fäuste, das Entblößen der Zähne bei Zorn deuteten auf eine Angriffshandlung hin, die ursprünglich auf den Zorn folgte, aber inzwischen unterdrückt werden kann. Umgekehrt entspringt nach Darwin das Hochziehen der inneren Enden der Augenbrauen bei Traurigkeit dem Einsatz der zentralen Fasern des Frontalmuskels als des Antagonisten der Pyramidalmuskeln, die bei einem Schrei kontrahiert werden – hier soll also gerade ein Schrei verhindert werden. Das Herunterziehen der Mundwinkel ergebe sich daraus, daß die *depressores anguli oris* der Willenskontrolle weniger unterlägen als andere Gesichtsmuskeln. Entscheidend ist, daß Ausdrucksbewegungen, die keine Funktion haben, verständlich werden, wenn man begreift, daß sie Relikte ihnen ähnlicher Bewegungen sind, die in einem anderen Kontext sehr wohl sinnvoll waren. Die Bewegungen um Nase und Mund, die beim Menschen Verachtung anzeigen, sind z. B. Darwin zufolge Relikte eines Sich-Übergebens bei schlechtem Geruch, das der Frühmensch vermutlich durch einen Willensakt herbeizuführen imstande gewesen sei. Darwin vergleicht solche Ausdrucksbewegungen mit den Rudimenten von Organen (E 350), und es ist nicht schwer, sein erstes Prinzip auch auf Verhaltensformen zu verallgemeinern, die keine biologische Grundlage haben – man denke etwa an das Lüften des Hutes als Relikt einer die eigene Friedfertigkeit anzeigenden Abnahme des Helmes.

Das zweite Prinzip, dasjenige der Antithese, basiert auf folgendem Gedanken. Wenn eine Emotion einer anderen entgegengesetzt ist, für die schon nach dem ersten Prinzip eine Ausdrucksform vorliegt, könne sie durch ein dieser entgegengesetztes Verhalten ausgedrückt werden. Die Bekundung von Zuneigung dem Herrn gegenüber bestehe z. B. bei Hunden und Katzen in der Umkehrung mancher Momente des Angriffsverhaltens. Dieses Prinzip spiele auch bei Zeichensprachen eine Rolle, die nicht angeboren seien, wie den Taubstummensprachen. Beim Menschen sieht Darwin z. B. im Zucken der Schultern und Öffnen der Hände als Zeichen der Verlegenheit und Hilflosigkeit dieses Prinzip am Werk – ein derartiges Verhalten sei demjenigen aggressiver Entschlossenheit entgegengesetzt. Auch beim Ausdrucksverhalten für Überraschung, für Heiterkeit sowie beim Lachen soll das Prinzip Anwendung finden. Interessant ist, daß sich nach Darwin besonders schwächere Emotionen dieses Prinzips bedienen, das insgesamt eine geringere Rolle spielt als das erste und das dritte. In der Tat scheint es gewisse, zumindest unbewußte geistige Operationen vorauszusetzen.

Das dritte Prinzip ist, wie Darwin einräumt, das dunkelste: Er nennt es das Prinzip der direkten Wirkung des Nervensystems. Das Zittern etwa sei nicht das Rudiment eines nützlichen Verhaltens, also nicht auf einen Anpassungsprozeß zurückzuführen, und auch nicht nach dem zweiten Prinzip zu erklären – es sei eine Folge einer starken Erregung des Nervensystems, die den Fluß der „Nervenenergie“ zu den Muskeln unterbreche. Man erkennt hier den Mangel an einer ausgearbeiteten neurologischen Theorie. Vielleicht hätte Darwin in den Übersprungbewegungen, in denen sich nach Nikolaas Tinbergens Deutung ein Energieüberschuß entlädt, dem der übliche Abfluß verwehrt ist, ein besseres Beispiel für dieses Prinzip gesehen. Auch das sogenannte umorientierte Verhalten – etwa das Abreagieren der Aggression an einem Rangniederen, nachdem man von einem Ranghöheren bedroht wurde, dem man sich fügen mußte – könnte in diesem Zusammenhang angeführt werden.

Interessant sind Darwins verstreute Bemerkungen zum Verhältnis der Emotionen und ihres Ausdrucks. So behauptet er, daß die meisten Emotionen so eng mit dem zugehörigen Ausdruck verbunden sind, daß sie ohne ihn kaum spürbar werden. Jemand mag wissen, daß er in Lebensgefahr ist, und sein Leben zu retten begehren; aber das bedeutet noch nicht, daß er sich fürchtet – „wie Ludwig XVI. sagte, als er von einem wilden Pöbel umringt wurde: ‚Fürchte ich mich? Fühlt meinen Puls!‘“ (E 238). Allerdings erkennt Darwin an, daß es auch Emotionen gibt, denen nichts Äußeres zu entsprechen scheint, wie etwa Mutterliebe oder Neid (E 78f., 261, 349). Umgekehrt mag ein Ausdrucksverhalten ohne die sonst korrelierte Emotion stattfinden (E 260f.), doch führe selbst die Simulation einer Emotion durch entsprechendes Ausdrucksverhalten tendenziell zum wirklichen Empfinden der geheuchelten Emotion, ebenso wie die Unterdrückung des Ausdrucksverhaltens die Emotion mäßige (E 365). Das Bewußtsein, daß man ein bestimmtes Ausdrucksverhalten an den Tag gelegt habe, trete oft erst nachträglich ein (E 286). Bei einigen dieser Bewegungen handle es sich um Reflexe, die sich völlig der Kontrolle des Willens entziehen – ein hungriger Mensch mag angesichts eines gedeckten Tisches seinen Appetit zu verbergen suchen, indem er die Gesichtsmuskeln beherrscht, aber die Aktivität der Speicheldrüse werde ihn verraten (vgl. E 75f.). Paradoxerweise ist es die bewußte innere Gerichtetheit auf Reflexe, die ihr Eintreten verhindern kann:

> „Vor vielen Jahren ging ich mit einem Dutzend junger Männer eine kleine Wette ein, daß sie nicht niesen würden, wenn sie Tabak schnupfen würden, obgleich sie alle erklärten, daß sie dies stets täten; entsprechend nahm jeder eine Prise, aber aufgrund ihres starken Wunsches, es zu tun, nieste keiner, obgleich ihre Augen wässerten, und alle, ausnahmslos, mußten mir den gewetteten Betrag bezahlen.“ (E 37)

Welcherart ist die modale Beziehung zwischen Emotion und zugehörigem Ausdrucksverhalten? Darwin scheint sie, anders als z.B. Hegel in seiner Philosophie des subjektiven Geistes, im wesentlichen für kontingent zu halten. Hätten der Mensch oder seine Vorfahren andere Gewohnheiten gehabt, wäre dieselbe Emotion auf ganz andere Weise ausgedrückt worden bzw. würde derselbe Ausdruck ganz andere Emotionen repräsentieren (E 174); eine verschiedene biologische Verfaßtheit hätte andere Ausdrucksformen zur Folge gehabt:

> „Wäre die Struktur unserer Organe der Atmung und des Kreislaufs nur leicht von dem Zustand abgewichen, in dem sie sich jetzt befinden, wären die meisten unserer Ausdrucksbewegungen auf wunderbare Weise verschieden gewesen." (E 363)

Daß etwa bei den Menschen die Ohren anders als bei vielen Tieren keine Rolle im Ausdrucksverhalten spielen, hänge von der Tatsache ab, daß sie nicht mehr beweglich sind.

Von philosophischem Interesse ist die Frage, ob es einen sachlichen Zusammenhang zwischen Zuständen der physischen Welt und solchen der mentalen Welt überhaupt geben könne: eine Frage, die der von Descartes begründete Dualismus eigentlich verneinen müßte, da nach ihm die Prädikate der physischen und der mentalen Welt einander ausschließen (nur logische Kategorien wie etwa Einheit sowie die Zeitlichkeit übergreifen beide Prädikatengruppen). Freilich fragt man sich, woher unter diesen Voraussetzungen die Evidenz bestimmter Metaphern komme – man denke z. B. an „tiefen Schmerz". Darwin selbst ist sehr skeptisch gegenüber Aussagen der Art, hohe Töne seien ihrem Wesen nach klagend – sie erschienen uns vielleicht ausschließlich aufgrund unserer kontingenten Erfahrung als klagend (E 88). An einer isolierten Stelle verwendet Darwin allerdings ein Prädikat, das zur physischen Welt gehört, um einen mentalen Zustand zu charakterisieren: „Manchmal sagt man, die Einbildungskraft werde durch eine lächerliche Idee gekitzelt; und dieses sogenannte Kitzeln des Geistes ist auf merkwürdige Weise demjenigen des Leibes analog" (E 199). So müsse etwa beim physischen wie beim mentalen Kitzeln die Berührung leicht sein – was offenbar impliziert, daß die Wörter „Berührung" und „leicht" eine Bedeutung haben, die die physische und die mentale Welt übergreift. Doch verfolgt Darwin nicht die Implikationen dieses Vergleichs, die weitreichend sein könnten, weil sie eine Wesensbeziehung zwischen mentalen und physischen Zuständen plötzlich denkbar erscheinen lassen. Immerhin setzt sein zweites Prinzip einen gewissen Zusammenhang zwischen der mentalen und der Ausdruckssphäre voraus, da es eine Proportion angibt, nach der ein bestimmtes Ausdrucksverhalten zwar nicht aus dem entsprechenden mentalen Zustand abgeleitet werden kann, sich aber doch zu dem entgegengesetzten Ausdrucksverhalten so verhält, wie die beiden entsprechenden mentalen Zustände sich zueinander verhalten. Der Begriff der Antithese ist in der Tat wie derjenige der Einheit sicher so allgemein, daß er Physisches und Mentales umfaßt.

Um so mehr ist Darwin an der Frage interessiert, welche der Ausdrucksbewegungen angeboren seien. Beobachtungen an Primaten, Kleinkindern, Blindgeborenen und den unterschiedlichsten Rassen führten ihn zum Ergebnis, daß vieles am menschlichen Ausdrucksverhalten eine biologische Basis habe und nicht allein auf Nachahmung zurückgeführt werden könne. Allerdings gelte das erstens bei weitem nicht für alle Formen, auch nicht für solche, die „logisch" erscheinen – etwa das knieende Beten mit gefalteten, nach oben gerichteten Händen, das durchaus eine sachlich angemessene Ausdrucksbewegung zu sein scheint. Aber gerade deshalb sei es nicht wahrscheinlich, daß sie schon den Urmenschen zur Verfügung gestanden hätte (E 218f.). Auch das Küssen sei keine anthropologische Konstante; das Schütteln des Kopfes und das Nicken als Verneinung und Bejahung seien weit verbreitet, aber keineswegs allgemein. Zweitens schließe das Angeborensein einer Ausdrucksbewegung keineswegs aus, daß etwa das Kind sie bewußt einsetze, wenn es ihrer Wirkung gewahr werde. Das schreiende Kind lerne, daß sein Schreien es erleichtert (E 355) – und, so kann man hinzufügen, daß es damit seinen Eltern seinen Willen aufzwingen kann. Ebensowenig impliziere das Angeborensein einer Ausdrucksbewegung, daß ihr angemessenes Verständnis durch andere ebenfalls angeboren sei; das sei unabhängig zu untersuchen. Ob das der Fall sei oder nicht, sei schwer herauszufinden, aber Darwin vermutet, daß schon Säuglinge das Lächeln und Weinen der Erwachsenen richtig interpretieren. Zu Recht wendet sich Darwin gegen das Argument M. Lemoines, die Kenntnis der menschlichen Ausdrucksbewegungen könne nicht angeboren sein, weil es sonst für bildende Künstler und Schriftsteller nicht so schwer wäre, sie angemessen wiederzugeben. Es sei zu unterscheiden zwischen der intuitiven Erfassung einer Situation und ihrer begrifflichen Analyse. Drittens erkennt Darwin durchaus an, daß kulturelle Faktoren darüber mitentscheiden, mit welcher Intensität bestimmte Emotionen ausgedrückt werden – bei Engländern z. B. weniger intensiv als bei Franzosen oder Italienern (E 264).

Die moderne Forschung hat mit einem verfeinerten methodischen Instrumentarium Darwins Hauptthesen durchaus bestätigt. Als sicher nachgewiesen kann inzwischen gelten, daß es kulturübergreifende, also allgemeinmenschliche Ausdrucksformen gibt, deren Interpretation weltweit dieselbe ist. Die Faktoren, die die Emotionen auslösen, die Regeln, die ihre Entfaltung steuern, schließlich die Konsequenzen, die sich an sie knüpfen, weichen zwar von Kultur zu Kultur ab; aber das steht nicht im Widerspruch zur Allgemeinheit der Ausdrucksbewegungen. Allerdings beweist das allein noch nicht, daß sie angeboren sind; denkbar wäre auch, sie als Resultat allgemeinmenschlicher Lernerfahrungen zu erklären. Um jenes möglichst plausibel zu machen, sind Untersuchungen an Kindern und Primaten unabdingbar. Was Kinder angeht, so wird eine klare Entscheidung durch die Tatsache erschwert, daß die Bedeutung des Lernens beim Menschen immens ist. Nachahmung spielt schon sehr früh eine Rolle, und Klugheit wird dazu führen, daß schon das Kind seine Ausdrucksbewegungen zu kontrollieren sucht. Aber Untersuchungen an (taub)blinden und sogenannten Wolfskindern bestätigen, daß bestimmte – nicht alle – Ausdrucksformen angeboren sind: Sie können jedenfalls nicht abgeguckt worden sein. Wesentlich schwieriger ist immer noch die Frage zu beantworten, ob auch die richtige Deutung von Ausdrucksbewegungen angeboren ist. Viele der menschlichen Ausdrucksbewegungen sind ferner bei den Primaten vorgeformt – etwa, wie Darwin richtig beobachtete, das Lachen (E 131). Allerdings geht man heute davon aus, daß das dem menschlichen Lächeln homologe Grinsen bei Primaten zum Angstrepertoire gehört und erst später in der Evolution zu Beschwichtigungszwecken eingesetzt wurde; die Herausbildung eines gewissen Kontinuums zwischen Lächeln und Lachen ist spezifisch menschlich. Wichtiger als die Details einzelner Ausdrucksformen ist die Tatsache, daß diese auch bei höheren Tieren nicht einfach angeboren sind und mit Notwendigkeit ablaufen. Ein dominanter Affe etwa wird keine Unterwerfungsgebärde vollziehen, auch wenn er biologisch dazu in der Lage ist. Zwar ist es richtig, daß es artspezifische Ausdrucksbewegungen gibt, die anderen Arten versagt sind; aber es spielen erstens Erfahrung, zweitens direkte und indirekte äußere sowie drittens innere, also hormonale Stimuli eine wichtige Rolle bei der Auslösung von Ausdrucksbewegungen. Rhesusaffen etwa, die in sozialer Isolation aufgewachsen sind, sind zur Kopulation unfähig. Wenn sie sechzig bis achtzig Tage alt sind, sind sie in der Lage, einige, aber nicht alle Ausdrucksbewegungen von Artgenossen korrekt zu interpretieren. Es ist nicht leicht festzustellen, ob bestimmte Ausdrucksbewegungen, die dem zweiten Prinzip unterliegen – etwa das Abwenden des Blickes als Zeichen der Unterwerfung –, evolutionären oder ontogenetischen Ursprungs sind. Zwar kann man zeigen, daß das junge Tier dieses Ausdrucksverhalten nur allmählich entwickelt, doch könnte das auf einen genetisch gesteuerten Reifungsprozeß zurückgehen. Darwin hat die Bedeutung des Lernens bei Tieren gelegentlich anerkannt (vgl. E 30), aber nicht ausreichend erfaßt, bzw. er überschätzt sie vollständig, wenn er annimmt, daß gelerntes Verhalten vererbt werden könne.

Auch wenn das Hauptziel von Darwins letztem theoretischen Buch die Stützung der aus *The descent* vertrauten Kontinuitätsthese ist, betont er auch in *The expression* die Einzigartigkeit mancher dem Menschen eigener Vollzüge. Nachdem er im vierten und fünften Kapitel die Erzeugung von Lauten, die Aufrichtung von Haaren, Federn usw., das Zurückziehen und Aufrichten der Ohren, das Verhalten bei Freude, Schmerz, Ärger und Angst bei verschiedenen Tieren analysiert hat, behandelt er in den folgenden die menschlichen Emotionen Leiden und Weinen, Niedergeschlagenheit, Trauer und Verzweiflung, Freude, Liebe und Zärtlichkeit, Reflexion und Entschlossenheit, Haß und Ärger, Verachtung und Ekel, Überraschung, Furcht und Entsetzen, um nur die wichtigsten zu nennen. Bei den meisten von ihnen geht er davon aus, daß sie aus Vorformen bei anderen Primaten entstanden seien. Anders bei der Scham, die das Zentrum des dreizehnten, vor der Zusammenfassung vorletzten Kapitels bildet: „Aus Scham erröten ist die eigentümlichste und menschlichste aller Ausdrucksformen" (E 309), heißt es ähnlich wie in Platons *Protagoras* (322 c f.), den Darwin aber schwerlich gekannt haben wird, und in schöner Entsprechung zur Schilderung der ersten Folge des Sündenfalls in der *Genesis*. Dazu paßt, daß Kleinkinder und Idioten nicht erröten, und daß die meisten, wenn nicht sogar alle Rassen, wenn sie auch nicht sämtlich erröten, doch ein Verhalten kennen, das Scham anzeigt. Interessanter als Darwins Erklärung des Errötens als Folge der Füllung der Kapillargefäße mit Arterienblut, die ausgelöst werde durch die Aufmerksamkeit, die auf einen eigenen Körperteil gerichtet werde, ist seine Analyse der Umstände, die Schamgefühle auslösen.

Das entscheidende Element ist ihm zufolge eine Wendung der Aufmerksamkeit auf sich selbst, wie sie bei Schüchternheit, Schamgefühlen und Bescheidenheit (im Sinne von Demut und von Empfindlichkeit gegenüber indelikatem Verhalten) erfolge – daher sei nichts kontraproduktiver, als etwa den Schüchternen wegen seiner Schüchternheit zu tadeln. Wichtig sei freilich, daß die Aufmerksamkeit auf die eigene Person ursprünglich durch die Wahrnehmung der eigenen Person durch andere ausgelöst worden sei. Anfangs sei es um die äußere Erscheinung gegangen, später auch um moralisches Verhalten. „Es ist nicht der simple Akt des Nachdenkens über unsere eigene Erscheinung, sondern das Nachdenken über das, was andere von uns denken, was ein Erröten auslöst" (E 325). Dies erkläre, warum auf der einen Seite Kleinkinder nicht erröten – „es ist ja einer ihrer Hauptreize, daß sie überhaupt nicht an das denken, was andere von ihnen denken" (E 326) – und warum auf der anderen Seite junge Menschen beim Umgang mit Vertretern des anderen Geschlechts so leicht erröten, da es dabei entscheidend um die Wertung des eigenen Aussehens und des eigenen Verhaltens durch andere gehe. Scham habe übrigens nicht speziell mit der Schwere der moralischen Schuld zu tun, sondern nur mit der Ansicht der anderen über die eigene Schuld – jemand mag an den furchtbarsten Gewissensbissen wegen eines geheim gebliebenen Verbrechens leiden, aber er wird nicht erröten. Umgekehrt mag jemand wegen einer guten Tat erröten, wenn er nicht sicher ist, wie andere Anwesende sie einschätzen, und ebenso wegen der Verletzung der sachlich unsinnigsten Etikette, und zwar selbst nach mehreren Jahren oder auch wenn der Verstoß gegen sie durch einen anderen erfolgt ist. Darwins Analyse zeigt noch einmal, worin seine Größe besteht: Einerseits erkennt er das spezifisch Humane, ja Erhabene an Schamgefühlen – jene Selbstwahrnehmung, die ausgelöst wird durch die Bewußtwerdung der Wahrnehmung des eigenen Selbsts durch andere und die eng mit der Struktur des Selbstbewußtseins verbunden ist –, andererseits bewahrt ihn seine quasi-naturalistische Deutung davor, sie zu überschätzen. Schamgefühle sind sozial sehr wichtig, aber sie sind nicht das letzte Kriterium der Moral. Damit nimmt Darwin die spätere anthropologische Unterscheidung zwischen Scham- und Schuldkulturen vorweg. Es ist für ihn unzweifelhaft, daß es ein höheres Kriterium des Moralischen gibt als unsere faktischen Schamgefühle. Welches das sei und wie es sich zur Welt der moralischen Empfindungen verhalte, die ein Teil der Naturgeschichte ist, das freilich ist eine Frage, die Darwin nicht zu beantworten vermag. Hierzu wird man vielleicht mehr bei jenem Denker finden, der als erster die Scham philosophisch erörtert hat – bei Platon.

5. Darwin und die Folgen

5.1. Die Entstehung der Arten: Einwände und Entwicklungen

„Das Buch zündete, wie ein Blitz in der vollen Scheuer. Bald stand alles in Flammen und man las nur noch ‚gegen' oder ‚für' Darwin" – so faßte August Weismann in seiner Festrede, die er in Freiburg anläßlich des 100. Geburtstags von Charles Darwin hielt, die Wirkung der *Origin of species* zusammen (S. 20). Obgleich die ganze Reichweite seines Erklärungsprogramms erst allmählich deutlich werden würde, forderte Darwin mit seinem Anspruch den Widerspruch geradezu heraus. Viele der Einwände konnte Darwin selbst in den späteren Auflagen der *Origin* überzeugend zurückweisen (soweit er sie nicht schon vorweggenommen hatte), andere blieben zunächst unbeantwortet.

Während Kritiken daran, daß eine Evolution überhaupt existiert, angesichts der Fülle empirischer Belege nur von geringem Interesse sind, finden sich wichtige Einwürfe gegen Darwins Erklärung dieses Prozesses, welche zum Teil zu weitreichenden, die Evolutionstheorie vielfältig bereichernden Forschungsprogrammen Anlaß gaben. Erwähnt wurden schon die Probleme der Speziation, die sich bei ungenügender Berücksichtigung der Erfordernis einer reproduktiven Isolation stellen. Bedeutsam blieb auch die Unvollständigkeit der fossilen Belege, vor allem das Fehlen von Zwischenformen. Diese wurden bis heute, trotz großer Anstrengungen der Paläontologie seit Darwin, noch nicht in großem Maße gefunden. Ein entscheidender Schritt zur Entschärfung dieses

Problems waren theoretische Überlegungen, die bei der Forderung nach einer geographischen Isolation für die Speziation ansetzen. Entwickeln sich neue Arten und Typen in peripher isolierten Gründerpopulationen und durcheilen diese eine besonders schnelle Veränderung, ist es höchst unwahrscheinlich, jemals Überreste jener örtlich und zeitlich stark begrenzten Populationen zu finden. Einige Vertreter solcher Modelle (wie N. Eldredge und St. J. Gould) sehen das Entstehen neuer Arten dann nicht mehr unbedingt als einen stetigen Prozeß, sondern als ein Geschehen, welches in raschen Vorstößen stattfindet, die von Perioden des Gleichgewichts und des Aussterbens unterbrochen werden.

Grundsätzlich war einer der gewichtigsten Einwände, daß der von Darwin vorgeschlagene Mechanismus nicht ausreiche, um die Entstehung von hochgradig komplexen Formen – wenigstens in der zur Verfügung stehenden Zeit – zu erklären. Dies ist seit Darwins Zeiten, trotz vieler Fortschritte bei der Erklärung, ein unverändert kontrovers diskutiertes Thema: Wie hat es zur Herausbildung aufwendiger Organe und Strukturen (z. B. von Linsen- oder Komplexaugen) in kleinen Schritten kommen können, wenn diese doch erst in ausgebildeter Form funktionsfähig und damit selektiv begünstigt sind? Wie schon erwähnt, verwies hier Darwin auf den Wechsel von Funktionen als eine mögliche Erklärung – ein Verweis, der aber weithin programmatisch blieb (das wird dadurch aufgewogen, daß es prinzipiell ebenfalls kaum möglich sein dürfte, rückblickend zu zeigen, daß Strukturen oder ihre Vorformen keinerlei nützliche Funktionen hatten). Von ähnlicher Art sind Einwände, welche die Schwierigkeiten herausstellen, die Entwicklung hochorganisierter Kooperationen von verschiedenen Organismen (z. B. staatenbildender Insekten oder gar zwischen unterschiedlichen Arten wie bei Symbiosen) durch kleine Zufallsmutationen zu erklären, wenn diese Kooperationen ein genau abgestimmtes Zusammenpassen von Körperstrukturen und Verhaltensweisen erfordern. Abgesehen von einigen Zwischenstufen, die man nachweisen konnte, ist die Möglichkeit einer schrittweisen Entwicklung der kooperierenden Glieder wie auch ihre Integration zu einem funktionellen Ganzen in den meisten Einzelfällen noch nicht gezeigt und muß der Spekulation überlassen bleiben. Solche Kontroversen gaben und geben immer wieder Anlaß, Darwins Erklärung durch „holistischere" Ansätze zu ergänzen. Seine ursprüngliche Ansicht, daß jedes einzelne Merkmal sich völlig unabhängig von allen anderen in der Evolution ändern kann (auch wenn er schon die Kopplung mancher Eigenschaften beobachtete), wurde und wird immer wieder mit Konzepten angegriffen, welche diese Veränderungen nur im Rahmen von Formgesetzen, festgelegten Bauplänen oder anderen Leitstrukturen bzw. Beschränkungen der Variation für möglich halten. Aber es muß betont werden, daß solche Ansätze grundsätzlich mit Darwins Erklärung vereinbar sind: Zwar vertrat dieser vehement die These, daß die Veränderungen graduell und ohne Sprünge stattfänden, aber für das zentrale Moment seiner Erklärung, die natürliche Auslese, ist das unerheblich. Sie läßt sich sowohl mit lamarckistischen Vorstellungen (wie Darwin beweist) als auch mit Sprungmutationen verbinden (T. H. Huxley, obgleich der treueste Darwinist des 19. Jahrhunderts, vertrat diese Auffassung). Selbst die (aus anderen Gründen unplausible) Annahme, daß neue Varianten durch direktes Eingreifen Gottes entstünden, ist logisch mit dem Mechanismus der natürlichen Selektion zu vereinen. Eine weiterreichende Abkehr von Darwin bedeuten allerdings manche von der Systemtheorie inspirierte Theorien, die hinter dem Wandel der Arten selbstorganisatorische Prozesse vermuten (wie W. Nagel; ein Ansatz, der schon bei F. W. J. Schelling zu finden ist). Darwins Erklärung sei nur als Mechanismus mikroevolutiver Prozesse (wie z. B. der Feinanpassung von Organen) relevant, nicht aber für die Erklärung des makroevolutiven Geschehens (wie des Auftauchens neuer Baupläne etc.) ausreichend. Daß es ausgeschlossen ist, bei reproduzierenden, variierenden Organismen im Konkurrenzkampf um begrenzte Ressourcen *keine* natürliche Auslese anzunehmen, wird auch hier nicht bestritten. Es geht bei solchen Kritiken primär darum, die Reichweite von Darwins Erklärung auszuloten und zu begrenzen. Allerdings sind diese kritischen Ansätze bisher nur programmatisch; in ihrer gegenwärtigen Form können sie keine überzeugende Kausalerklärung für die angenommene Selbstorganisation anbieten, die sie als wissenschaftliche Alternative zu Darwins Erklärung qualifizieren könnte.

Viele Einwände betrafen die große Schwachstelle von Darwins Theorie, die Vererbungslehre. Darwins Pangenesis-Hypothese war bloße Spekulation und, wie wir heute wissen, einfach falsch. Darwin konnte nicht erklären, wie es eigentlich zu den immer neuen Variationen kommt, die er für den Artenwandel annehmen mußte. Der entscheidende Durchbruch gelang hier durch die sogenannte „Synthetische Theorie", die üblicherweise Theodosius Dobzhansky, Ernst Mayr und Theoretikern wie Ronald Fisher und Sewall Wright zugeschrieben wird. Sie verbanden die von Gregor Mendel begründete und in unserem Jahrhundert auf eine experimentelle molekularbiologische Basis gestellte Genetik mit Darwins Theorie zu einer umfassenden Erklärung (auch wenn anfangs die meisten Genetiker Gegner des darwinistischen Ansatzes waren). Statt wie Darwin einfach von „Variationen" des Erscheinungstyps zu sprechen, wurden nunmehr Gene als die entscheidende Grundgröße eingeführt. Diese können sich durch Mutation (unkorrekte Reproduktion der Informationsträger), durch Rekombination (genetische Neukombination bei sexuellen Vorgängen) sowie durch spezielle Prozesse so ändern, daß der Organismus in seinem Erscheinungsbild („phänotypisch") andere Eigenschaften als seine Eltern besitzt. Zwar sind noch nicht alle Faktoren der erblichen Variabilität bekannt, aber doch gelang es der Synthetischen Theorie, ein zentrales Defizit der Theorie Darwins zu beheben – ohne daß dies letztlich eine Revision seiner Erklärung des Artenwandels erforderlich gemacht hätte. Vor allem zwei Entdeckungen der genetischen Molekularbiologie sollen wegen ihrer Bedeutung für die Evolutionstheorie kurz erwähnt werden: erstens, daß zwar Informationen von Nukleinsäuren (also der DNA) in Proteine übersetzt werden, aber nicht umgekehrt Proteine als Information zum Aufbau von DNA dienen (womit Lamarcks These von der Vererbung erworbener Eigenschaften widerlegt wurde). Zweitens zeigte sich, daß der genetische Code im gesamten Reich des Lebens der gleiche ist und damit höchstwahrscheinlich alle Organismen einen gemeinsamen Ursprung haben – wie es ja von Darwin vermutet worden war. (Auch für diese Entstehung der ersten Lebewesen aus unbelebter Materie bot die Wissenschaft unterdessen plausible Modelle an, die von Selektionsmechanismen auf molekularem, präbiotischem Niveau ausgehen – es sei vor allem an Manfred Eigens Hyperzyklustheorie erinnert.)

Es läßt sich rückblickend sagen (obgleich wir noch keineswegs am Ende der Entwicklung stehen), daß die von Darwin initiierte Forschung, die in jedem Bereich des Lebens nach kausalen Erklärungen seines Zustandekommens fragt und mit dem Mechanismus der natürlichen Auslese ein überzeugendes Werkzeug an die Hand gibt, zu dem fruchtbarsten Ansatz in der Geschichte der Biologie wurde, ja sie eigentlich erst als Wissenschaft begründete. Dobzhanskys berühmter Satz, daß „nichts in der Biologie Sinn habe, außer im Lichte der Evolution", faßt die Situation sehr gut zusammen. Dabei reichte die Bedeutung Darwins schon bald über die Biologie hinaus: Zwar war es eine der Hauptstärken seiner Theorie, die vielfältigen biologischen Wissenschaften (wie Taxonomie, Morphologie, später Genetik) auf das überzeugendste verbinden zu können, aber sein Ansatz war auch offen für Verbindungen mit anderen Phänomenen und Wissenschaften. Schauen wir exemplarisch auf einige Gebiete, in denen Darwins umfassende Idee eine zentrale Bedeutung gewinnen sollte.

5.2. Sozialdarwinismus

Unter „Sozialdarwinismus“ werden die Ansätze zusammengefaßt, welche evolutionsbiologische Kategorien auf soziale und gesellschaftliche Prozesse übertragen, um mit ihrer Hilfe zu Werturteilen über solche Prozesse zu gelangen. Vereinfacht ist das Argument solcher in der praktischen Ausprägung oft sehr verschiedener Richtungen, daß das Selektionsgeschehen erstens nicht neutral sei, sondern einen evolutionären Fortschritt impliziere, und zweitens auch für gesellschaftliche Prozesse relevant sei. Es gehe darum, auch den gesellschaftlichen Fortschritt nicht zu behindern, sondern gerade zu befördern, drohten doch sonst Rückschritt und Degeneration. Der beste Weg dahin sei in der Regel, den Kampf ums Dasein zu intensivieren. Lasse man die Menschen diesen Kampf untereinander frei austragen, so werde es (z. B.) zu positiven sozialen Entwicklungen kommen.

Herbert Spencer war einer der ersten, der diese Ansicht mit Leidenschaft vertrat – seines Erachtens dient etwa ein hoher Bevölkerungsdruck als moralisch gebotener Ansporn für intellektuelle Entwicklungen. In Verbindung mit A. Smiths Erklärungen des Marktgeschehens (bzw. in *Rück*bindung an A. Smith, der ja einer der geistigen Väter Darwins war) diente das Selektionsprinzip auch als Grundlage für Forderungen nach einer völligen Liberalisierung der wirtschaftlichen Abläufe, wie sie etwa der Amerikaner W. G. Sumner vertrat (allerdings waren und sind nicht alle Wirtschaftsliberalen im strengen Sinne Sozialdarwinisten; manche vertreten zwar die These, daß ein ungebremster Existenzkampf das beste Mittel zu wirtschaftlichem Fortschritt sei, bezeichnen diese Forderung aber nicht als *moralisch* geboten).

Die unheilvollste Verbindung sollte der Sozialdarwinimus aber mit Vorstellungen eingehen, die sich auf der Grundlage der Genetik einem Programm der Erbpflege oder präventiven Sozial- bzw. Rassenhygiene verschrieben. Zunächst stand dabei noch das Ideal einer biologischen Verbesserung der gesamten Menschheit als

„Rasse" im Zentrum (so bei W. Schallmayer und A. Ploetz). Bald aber kam es – im Zuge des Nationalismus und der Rassenideologien des 19. Jahrhunderts (v. a. von J. A. Gobineau und H. St. Chamberlain) – zu einer Verengung des „Rassen"-Begriffs: Bevölkerungsgruppen wurden nunmehr als miteinander im Konkurrenzkampf stehende „Rassen" verstanden, ja schließlich wurde gefordert, daß sie diesen Kampf schonungslos ausfechten sollten. Heinrich von Treitschke spricht in diesem Zusammenhang von der „sittlichen Majestät des Krieges [...] gerade in dem, was oberflächlichen Beobachtern brutal und unmenschlich erscheint" (1911, Bd. II, S. 362). Welche unsägliche Wirklichkeit daraus dreißig Jahre später durch den Nationalsozialismus wurde, ist bekannt.

Der schon eingangs zitierte August Weismann meinte bereits 1909, seine Festrede mit einer besorgten Ermahnung schließen zu müssen, „weil so manchmal das Selektionsprinzip dahin verkehrt worden ist, als müsse dadurch das brutal Tierische beim Menschen zur Herrschaft gelangen. Das Gegenteil scheint mir der Fall, denn beim Menschen gibt vor Allem der Geist den Ausschlag, nicht der Körper" (S. 31).

Weismann sah zu Recht, daß diese normative Wendung eine Verkehrung des Selektionsprinzips darstellt, die von Darwin abgelehnt worden war (weswegen der Begriff „Sozialdarwinismus" unglücklich gewählt ist). Zwar war Darwin grundsätzlich nicht gegen eine Interpretation der Evolution als Fortschrittsgeschehen, aber erstens bezog er die Maßstäbe für den Fortschritt in der Evolution nicht aus dieser selbst, zweitens deutete er diesen Fortschritt zwar in einem allgemeinen Sinne als positiv („vollkommener"), aber nicht im engeren Sinne als moralisch, und drittens legte er offensichtlich evolutionsunabhängige Maßstäbe für moralische Bewertungen an. (Daß er zum Beispiel evolutionär entstandene Schamgefühle nicht als letztes Kriterium erachtet, ist schon im letzten Kapitel erwähnt worden – welche Kriterien aber zugrunde gelegt werden sollten und woher wir diese beziehen, dazu sagt er freilich nichts Eindeutiges.)

Warum war der sozialdarwinistische Ansatz für das 19. und frühe 20. Jahrundert so attraktiv? Zunächst sind hier sicher soziologische Gründe zu nennen. Mit dem Sozialdarwinismus ließ sich gewissermaßen die in vielen Kriegen befestigte, weltbeherrschende Stellung der Europäer auf wissenschaftlicher Basis rechtfertigen. Waren frühere Welteroberer oft unter dem Banner einer Religion zu Eroberungszügen aufgebrochen, so war die europäische Hegemonie nunmehr die legitime Fortsetzung eines dynamischen Evolutionsgeschehens. Aber noch interessanter sind die Affinitäten, die die herrschende naturalistische Weltanschauung aus inhaltlichen Gründen zum Sozialdarwinismus hatte. Hier lassen sich mehrere Punkte anführen. Erstens versprach der Sozialdarwinismus eine Begründung moralischer Normen ohne Rückgriff auf Religion oder Metaphysik. Nachdem der Historismus die geschichtliche Wandelbarkeit der Moralvorstellungen gezeigt und damit den Glauben an zeitlos gültige Normen unterhöhlt hatte (was Nietzsche als erster deutlich sah), man aber erkannte, daß die Welt ein dynamisches Geschehen ist, bot es sich an, die Entwicklung selbst als Norm zu nehmen und entsprechend das als besser zu charakterisieren, was sich letztlich durchsetzt. Dazu kam zweitens, daß die Moral so methodisch an die dominierenden Naturwissenschaften angegliedert werden konnte (es galt empirisch zu untersuchen bzw. zu prognostizieren, was sich im „Kampf ums Dasein" durchsetzen würde, um so quasi induktiv zu Normen zu gelangen). Drittens erlaubte der Sozialdarwinismus einen weiteren entscheidenden Schritt zu einer Naturalisierung des Menschen, wie er dem materialistischen Zeitgeist entsprach. Weder seine angebliche Fähigkeit, moralische Werte anzuerkennen, noch sein Vermögen, nach ihnen zu handeln, blieben unangetastet – gerade hinter den Fähigkeiten, die ihm nach alten Vorstellungen seine herausragende Würde gaben, stand nun nichts als ein natürlicher Antrieb, den er mit allen Lebewesen teilt.

Mochte der Sozialdarwinismus auch manchen Vertretern einer naturalistischen Weltanschauung als attraktiv erscheinen, so lassen sich doch verschiedene Einwände gegen ihn erheben. Der erste, gewissermaßen an die moralische Intuition appellierende Einwand ist, daß er auch Untaten, die jeden moralisch empfindenden Menschen erschaudern lassen, eine Legitimation geben könnte. Es ist wohl vor allem dieser Grund, warum nach den Schrecken des Dritten Reiches der Sozialdarwinismus in der Geistesgeschichte ein jähes Ende fand. Ein zweiter Einwand wurde schon von Nietzsche formuliert (obgleich dessen eigene Konzeption des „Übermenschen" sozialdarwinistischen Vorstellungen nicht fernsteht): Keineswegs setzt sich ja in der Evolution stets das Wesen durch, welches komplexer oder in irgendeinem für uns plausiblen Sinne höherstehend ist. Schon Darwin hat verschiedentlich angemerkt, daß es durchaus zu degenerativen Formen in der Evolution kommen kann (man erinnere sich des winzigen Rankenfußkrebsmännchens, welches wie ein Parasit an einem Weibchen lebt und dessen einzige Funktion die Produktion von Sperma ist). Der dritte und philosophisch gewichtigste Einwurf ist erstmals ausführlich von George Edward Moore in seinen *Principia Ethica* (Abs. 29ff.) im Rahmen einer vernichtenden Kritik an H. Spencer entwickelt worden (wobei er freilich an eine Einsicht David Humes anknüpft): Der Sozialdarwinismus beruht auf einem fundamentalen Denkfehler, den Moore einen „naturalistischen Fehlschluß" nennt. Vereinfacht besteht dieser darin, daß man von der Art, wie eine Sache *ist* (oder sein wird), keine Schlüsse darüber ziehen kann, wie sie sein *soll*. Selbst wenn – so ließe sich etwa sagen – die Säugetiere die Dinosaurier verdrängt haben, folgt doch daraus nicht, daß dies „gut" ist. Eine Tatsachenbeschreibung – und auch zukünftige Ereignisse sind Tatsachen – legitimiert nicht dazu, Werturteile zu fällen.

5.3. Evolution und Verhalten

Es sollte einige Jahrzehnte dauern, bis Darwins Ideen im Bereich der Ausdrucksformen und des Verhaltens aufgegriffen wurden und eine naturwissenschaftliche Verhaltensforschung entstand. Entscheidend waren dafür die Forschungen von Konrad Lorenz und Nikolaas Tinbergen in den 30er Jahren, die als Begründer der klassischen Ethologie gelten. Wie Darwin gingen sie davon aus, daß sich die Instinkthandlungen ebenso wie morphologische Eigenschaften in der Stammesgeschichte entwickelt haben, sich also als evolutiv vorteilhaft erwiesen und genetisch verankert wurden (in Abgrenzung zur These des Behaviorismus, alle Instinkthandlungen seien erlernt). Ebenfalls gingen sie davon aus, daß Verhalten auf einfache Bausteine oder Prinzipien zurückgeführt werden kann. Dieser klassischen Ethologie gelang es dabei in beeindruckender Weise, Darwins wichtige These von der engen verwandschaftlichen Beziehung zwischen menschlichem und tierischem Verhalten in vielen Bereichen durch den Nachweis von Homologien zu bestätigen.

Die Fragerichtung der Verhaltensforschung war seit ihrer Frühzeit eine doppelte. Zum einen geht es darum, bei jedem Verhalten seinen Entstehungs- und Steuerungsmechanismus zu untersuchen. Beim Verhalten wird so z. B. nach seinen genetischen Voraussetzungen (Verhaltensontogenie) und nach der zugrundeliegenden Datenverarbeitung im Nervensystem (Verhaltensphysiologie) gefragt. Daneben – bzw. dahinter – steht aber immer die zweite Frage nach dem Beitrag eines bestimmten Verhaltens zu dem Reproduktionserfolg eines Lebewesens – nach E. Mayr ist es das fundamentale Charakteristikum der Biologie als Wissenschaft, bei jedem Phänomen neben der „Wie"- diese „Warum"-Frage zu stellen. Seit den 60er Jahren wurde die zweite Frage im Rahmen der sogenannten Verhaltensökologie ins Zentrum der Verhaltensforschung gestellt. Schwerpunktmäßig wird dabei untersucht, inwiefern eine Verhaltensweise im Vergleich zu alternativen Verhaltensweisen oder Strategien hilft, den „Kampf ums Dasein" besser zu bestehen. Für diesen „Überlebenswert von Verhalten" (so Tinbergen) erweist sich das schon von Darwin angenommene Prinzip der Ökonomie als zentral: Jedes Verhalten kostet Energie, Zeit usw., und langfristig ist daher jene Strategie begünstigt, welche mit dem geringsten Aufwand den größten Nutzen – d. h. letztlich die Verbreitung der eigenen Gene – erzielt. Im Rahmen solcher Überlegungen war es sogar möglich, die Erfolgsaussichten von Strategien vorauszuberechnen und Prognosen über das Verhalten von Tieren in der Natur abzugeben. Als ein Beispiel sei hier die Nahrungsbeschaffung einer kanadischen Krähe angeführt, welche vorrangig vom Fleisch großer Wellhornschnecken lebt. Um an dieses zu gelangen, lassen die Vögel die Schnecken aus der Luft auf Felsen fallen. Nun ließ sich experimentell zeigen, daß zum sicheren Zerbrechen der Schneckenschalen eine Fallhöhe von 5 Metern benötigt wird. Sowohl bei einer zu großen Höhe als auch bei einer zu geringen, welche einen zweiten Versuch zur Folge hätte, käme es zu einem unnötig höheren Energieaufwand für das Fliegen. Es ließ sich daher prognostizieren, daß die Krähen aus ökonomischen Gründen die Schnecken aus der berechneten optimalen Höhe abwerfen. Dies konnte in der Tat empirisch bestätigt werden.

Es gibt nun in der Natur eine Reihe interessanter Verhaltensweisen, die auf den ersten Blick mit der Evolutionstheorie nicht im Einklang zu stehen scheinen – vor allem den Altruismus im Tierreich, so etwa beim Brutpflegeverhalten und beim Ausstoßen von Warnrufen, welches Artgenossen warnt, aber den Rufer selbst in Gefahr bringt. Darwin sah das Problem schon in seiner ganzen Schärfe, bestand doch auch für ihn kein Zweifel, daß die Evolution Altruismus dieser Art (im biologischen Sinne definiert als eine Verminderung eigener Überlebens- und Vermehrungschancen) eigentlich nicht positiv selektionieren kann, da ein solches „altruistisches" Individuum per definitionem weniger eigene Nachkommen haben wird. Er räumte daher ein, daß es eine Widerlegung seiner Theorie wäre, würde man auf ein Merkmal eines Organismus stoßen, welches ausschließlich einem anderen Organismus nütze (OS 1859,

200f.). Wie er das Problem im Falle staatenbildender Insekten zu lösen versuchte, ist weiter oben angeführt worden (S. 77f.); ähnlich ging er beim menschlichen Altruismus davon aus, daß altruistisches Verhalten für das entsprechende Individuum zwar ohne Nutzen sei, aber dessen Gemeinschaft oder Gruppe fördere. Doch diese Antwort kann schwerlich genügen, wie Darwin selbst bereits gelegentlich einräumte (vgl. D I, 163). Eine Eigenschaft kann nicht nur deswegen selektioniert werden, weil sie gut für die Gruppe oder Art ist, sondern es muß zugleich so sein, daß sie auch innerhalb der jeweiligen Population positiv selektioniert wird und entsprechend zunimmt – aus dem einfachen Grund, daß sie sonst aus der Population wieder zugunsten konkurrierender Eigenschaften verschwindet.

Dieses Problem konnte erst durch die im wesentlichen von Edward O. Wilson formulierte sogenannte „Soziobiologie" gelöst werden. Während die klassische Ethologie noch davon ausgegangen war, daß ein Verhalten deswegen evolutionär selektioniert werde, weil es der Art nutze, greift die Soziobiologie die moderne Genetik konsequent auf und postuliert, daß es um den Reproduktionserfolg konkurrierender „egoistischer" Erbanlagen gehen muß. Die Selektion findet also auf zwei Ebenen statt: Eine Gruppe kann sich einer anderen Gruppe derselben Art (oder eine Art einer anderen Art) wegen einer Eigenschaft überlegen erweisen, so daß sie den „Kampf ums Dasein" gewinnt – aber es muß sich auf der fundamentaleren Ebene der Gene diese Eigenschaft *innerhalb* der Gruppe (oder Art) durchsetzen können. Wie begründet nun die Soziobiologie, daß ein Gen für Altruismus sich innerhalb einer Population durchsetzen kann? William D. Hamilton zeigte in den 60er Jahren für den Fall einiger staatenbildenden Insekten wie der Ameise, daß auch hier das vermeintlich selbstlose Verhalten der Arbeiterinnen ihren Genen nützt. Seine Erklärung beruht auf den besonderen Verwandtschaftsbeziehungen derjenigen Hautflügler, bei denen die Arbeiterinnen auf eigene Nachkommen verzichten: Die männlichen Ameisen schlüpfen aus unbefruchteten Eiern und haben deswegen nur den halben Chromosomensatz, während die

Weibchen (Königin wie Arbeiterinnen) aus befruchteten Eiern schlüpfen und daher wie ‚normale' Tiere den doppelten Chromosomensatz besitzen. Bei der Befruchtung verbinden sich daher alle Chromosomen des Vaters mit der Hälfte der Chromosomen der Mutter, so daß jede Tochter alle väterlichen und die Hälfte der mütterlichen Gene besitzt. Damit sind die Töchter untereinander enger verwandt (zu 75%), als sie es mit eigenen Kindern wären (nämlich nur zu 50%) – und deswegen ist es durchaus im gen-egoistischen Interesse dieser Arbeiterinnen, lieber mehr Geschwister als eigene Kinder zu haben und sich so nicht selbst fortzupflanzen, sondern der Königin bei der Aufzucht von Schwestern zu helfen. Altruismus gegenüber Verwandten kann also durchaus ein günstiger Selektionsfaktor sein. In ähnlicher Weise fanden andere Altruismen eine überzeugende Erklärung: Auch für die übrigen Tiere (einschließlich der Menschen) gilt ja, daß Verwandte dieselben Gene besitzen. Jedes Individuum hat in der Regel nicht nur 50% der Gene mit seinen Eltern, seinen Kindern und (im Mittel) mit seinen Geschwistern gemeinsam, sondern immerhin 25% mit seinen Großeltern und (im Mittel) auch mit Nichten und Neffen. Opfert sich daher ein ‚Rufer' für seine Gruppe, sichert er dennoch seinen Genen statistisch gesehen das Weiterbestehen – durch das Überleben zweier Nichten wird (im Mittel) dieselbe Anzahl von Genen des Rufers bewahrt wie durch ein eigenes Kind. Damit kann die Soziobiologie einen überzeugenden Mechanismus angeben, wie sich auch altruistische Gene in einer Population vermehren: Altruistische Gene können sich deswegen unter den Bedingungen der Selektion durchsetzen, weil nahe Verwandte viele gleiche Gene haben. Ein Altruismus programmierendes Gen verzichtet insofern nicht wirklich auf Reproduktionsaussichten, sondern stärkt sie, indem es – unter „Opferung" eines Trägers des Gens – die Überlebenschancen naher Verwandter (mit demselben Gen) erhöht. Hinter dem „Altruismus" auf phänotypischer Ebene steht ein (statistischer) „Egoismus" der Gene. Darwins Problem hatte nach über hundert Jahren eine Lösung gefunden.

Mit Rückgriff auf den Genegoismus entwickelte die Soziobiologie weitreichende kausale Erklärungen vieler menschlicher Verhaltensweisen, bis hin zur höchsten Ebene der Kultur. Obgleich bereits der klassischen Ethologie die Aufdeckung biologischer Wurzeln der verschiedensten sozialen Phänomene gelungen war (man denke z. B. an das Aggressionsverhalten und seine Rituale), konnten nun sogar zum Teil mathematische Erklärungsmodelle entwickelt werden (so spiegeln die Erbbestimmungen vieler Länder recht genau die prozentualen genetischen Verwandtschaften zwischen Individuen wider). Vor allem E. O. Wilson beteuert immer wieder, zwischen menschlicher Kultur und tierischen Verhaltenstraditionen gebe es (abgesehen vom Bereich der Sprache) nur graduelle Unterschiede – und ausdrücklich schließt er auch den Bereich der Moral ein. Es sei „die Zeit gekommen, in der die Ethik zeitweilig den Philosophen aus den Händen genommen und biologisiert werden muß" (1975, S. 562).

Solche Ansprüche der Soziobiologie sind freilich sehr umstritten. Biologisch wird gegen sie eingewandt, daß sie die Rolle individueller Gene zu stark betone – Verhaltensweisen, sofern sie erblich sind, würden nicht mehr oder weniger monogen kodiert, sondern polygen und müßten holistischer gedeutet werden. Und in der Tat bleiben die Erklärungen der Soziobiologie noch weitgehend programmatisch, solange nicht die entsprechenden verhaltenssteuernden Gene nachgewiesen sind.

Aber dennoch ist die Bedeutung der Verhaltensbiologie und insbesondere der Soziobiologie selbst in überaus komplexen kulturellen Bereichen wie etwa der Moral beträchtlich. Hier ist auf zwei Punkte zu verweisen.

Erstens verdanken wir ihr eine vertiefte Kenntnis des Menschen, seiner Antriebe, seiner genetischen Bestimmtheiten und, da er eben nicht vollständig genetisch bestimmt ist, auch seiner Freiheiten. Wichtige und oft ernüchternde Aufschlüsse über den Menschen gibt auch die Analyse vermeintlich edelster Gefühle und ihre Rückführung auf biologische Antriebe, welche von Darwin ja schon begonnen wurden. Auch die biologische Wurzel der Normen vieler Gesellschaften wird durch die moderne Verhaltensbiologie eindrücklich erklärbar (z. B. die Bevorzugung von Verwandten). Freilich heißt das nicht, daß die Soziobiologie uns die Normen vorgeben könnte. Denn einerseits darf darüber nicht vergessen werden, daß der Mensch nicht vollständig durch seine Gene determiniert ist. Die Natur ist die Vorgeschichte der Kultur, aber eben nur die Vorgeschichte; der Mensch als freies Kulturwesen, das wurde zu Recht gegen die Soziobiologie eingewandt, überwindet gerade die vollständige Steuerung durch Instinkte (als Beleg denke man etwa daran, daß der Mensch fähig ist, sich auch für nicht verwandte Menschen, ja selbst für artfremde Lebewesen zu opfern). Von dieser weitgehenden Unabhängigkeit menschlichen Handelns von festen genetischen Programmen ist auf der Grundlage evolutiven Denkens sogar auszugehen: Gerade eine Flexibilität des Verhaltens und eine Weite möglicher Reaktionen auf Herausforderungen durch die Umwelt sind Eigenschaften, bei denen ein positiver Überlebenswert zu erwarten ist. Schon bei höherentwikkelten Säugetieren finden sich entsprechend Lernkapazitäten, die Anpassungen an verschiedene Umstände ohne entsprechende genetische Veränderungen erlauben. Andererseits gilt auch hier wieder die von G. E. Moore auf den Punkt gebracht Einsicht, daß eine evolutionäre Erklärung nichts über die moralische Geltung von Handlungen, Gefühlen oder sie betreffenden Normen aussagt. Es kann durchaus Verhaltensweisen geben, die biologisch angelegt sind (möglicherweise die Feindlichkeit gegenüber Angehörigen fremder Gruppen und Stämme), die aber moralisch nichtsdestoweniger verwerflich sind. Und ebenso kann die genetische „Entlarvung“ einer Handlung, wie etwa der Mutterliebe, nicht ausschließen, daß diese von einem herausragenden moralischen Wert ist. Wie schon beim Sozialdarwinismus wäre es ein „naturalistischer Fehlschluß“, aus Beschreibungen von Antrieben und Bedürfnissen oder Erklärungen von Zusammenhängen Aussagen darüber ableiten zu wollen, was der Mensch tun soll oder darf.

Aber noch ein zweiter Punkt ist zu nennen, in dem die Soziobiologie von grundsätzlicher Bedeutung für die Ethik ist. Dazu müssen wir zunächst kurz auf die von J. Maynard Smith entwickelte Konzeption „evolutionär stabiler Strategien" schauen. Er zeigt durch spieltheoretische Überlegungen, daß eine Verhaltensstrategie sich langfristig gegenüber allen alternativen, konkurrierenden Strategien durchsetzen können muß, um in der Evolution zu bestehen – sie ist dann „evolutionär stabil". Ein Beispiel hierfür sind Vögel einer Art, welche sich wechselseitig Parasiten dort vom Kopf picken, wo sie bei sich selbst mit ihrem Schnabel nicht hingelangen. Taucht nun in einer solchen Population ein Individuum auf, welches sich nur die Parasiten entfernen läßt, ohne selbst bei anderen aktiv zu werden (ein egoistischer Trittbrettfahrer), so kann er Zeit und Energie sparen und sich kräftig vermehren. Solch ein Betrüger wird sich soweit ausbreiten, bis die gutartigen Picker aus der Population verdrängt sind, denn seine Strategie ist erfolgreicher. Allerdings wird der Erfolg der Betrüger auch ihr Ende sein, wenn das Parasitenpicken für das Überleben notwendig ist; die Betrüger werden an den Parasiten zugrunde gehen. Langfristig überlebensfähig ist dagegen nur ein dritte Strategie, nämlich die kluger Gutartigkeit: Sollten Vögel auftreten, welche nur die picken, welche selbst auch andere picken, so werden sie sich langfristig durchsetzen. Diese komplexere Strategie ist dann die evolutionär stabile. Die hier zu gewinnenden Erkenntnisse sind für die Ethik nun von entscheidender Bedeutung. Auch hier geht es ja um (moralisch gebotene) Verhaltensweisen oder „Strategien", von denen zugleich gefordert wird, daß sie universal befolgt werden. Um sich aber in der Realität durchsetzen zu können, dürfen moralische Strategien nicht evolutionär unstabil oder selbstzerstörerisch sein, da sonst die geforderte Universalität langfristig eine faktische Unmöglichkeit (und damit eine unsinnige Forderung) wäre. Evolutionäre Stabilität in dem von J. Maynard Smith beschriebenen Sinne ist somit eine notwendige, wenn auch nicht hinreichende, Voraussetzung für sinnvolles, und d. h. langfristig erfolgreiches moralisches Handeln. (Maynard Smiths Einsicht ist deswegen auch auf die Moral übertragbar, weil seine Konzeption nicht rein biologisch, sondern auch auf die kulturelle Evolution anwendbar ist. Dazu gleich mehr.) So kann, um an das Beispiel der Vögel anzuknüpfen, ein altruistisches Handeln evolutionär nur dann stabil sein, wenn es sich gegen „Trittbrettfahrer" schützt, also unterscheidet, wem gegenüber dieses Handeln erfolgt. Will ein moralischer Altruist, daß sich seine Verhaltensweise verbreite, muß er besonders – vor allem im Konfliktfall – denen helfen, welche dieselbe Verhaltensweise ebenfalls praktizieren (und das brauchen keinesfalls biologisch Verwandte zu sein). Eine Strategie *unbedingter* altruistischer Hilfe gegenüber anderen ist dagegen nicht davor gefeit, von Egoisten unterlaufen zu werden und in der Folge zusammenzubrechen; sie ist nicht evolutionär stabil. Dies erlaubt nun eine Umdeutung des zunächst für die Ethik so wenig erfreulich scheinenden Ergebnisses der Soziobiologie. R. Dawkins hat dieses Ergebnis in dem Titel seines bekannten Buches treffend zusammengefaßt: „Das egoistische Gen". Hinter jedem vermeintlichen Egoismus, so die schon erwähnte Lesart der Soziobiologie, stehe letztlich ein Genegoismus. Aber dagegen läßt sich eine andere Lesart halten, nämlich daß gerade ein gewisser „Egoismus" die einzige Möglichkeit ist, um dem Altruismus als Verhaltensweise zum Durchbruch zu verhelfen. Dies reicht von der Ebene tierischen Verhaltens bis zur höchsten Stufe der Moral: Wie nur das Tier, welches sich für seine eigenen Nachkommen (also „egoistisch") opfert, dazu beiträgt, daß eben diese Gene, welche den biologischen Altruismus fördern, sich vermehren, so mehrt auch das altruistische Handeln des Menschen dadurch, daß es im genannten Sinne „egoistisch" ist, den allgemeinen Altruismus. Es begegnet uns daher in der Evolution nicht wirklich ein Siegeszug des Egoismus, sondern ein bestimmter Egoismus erweist sich als die einzige Weise, in der sich der Altruismus in der Welt evolutiv entfalten kann (siehe dazu ausführlich V. Hösle, 1998, S. 258–274). Diese Verkettung von Egoismus und Altruismus übersieht die Soziobiologie, während die klassische Ethik sie in einer nach Harmonie strebenden Naivität sehr oft verkennt. Die geradezu dialektische Verkettung zeigt aber nicht nur, daß auch angesichts der modernen Biologie die Moral keine Farce ist, sondern auch, daß die Natur noch in einem viel tieferen Sinne als Vorgeschichte der Ethik verstanden werden kann. „Wer den Pavian versteht, täte mehr für die Metaphysik als Locke" (M 84).

5.4. Evolution, Erkenntnis und menschlicher Geist

Darwin hatte schon in seinen Notizbüchern aus den 1830er Jahren evolutionäre Erklärungen für das Denken des Menschen gesucht:

> „Verstand ist die Modifikation eines Instinkts, ein Sichentwikkeln und Verallgemeinern der Mittel, wodurch ein Instinkt vererbt wird." (N 48)

> „Der Geist des Menschen ist nicht vollkommener als die Instinkte der Tiere an alle wechselnden Umstände (angepaßt) oder als die Körper beider." (M 123)

Wenn der Mensch ein Produkt der Evolution ist, dann liegt es in der Tat auf der Hand, auch seine geistigen Fähigkeiten als Ergebnis eines von der natürlichen Auslese bestimmten Entwickungsprozesses zu erklären. Anknüpfend an Darwin fand diese Auffassung schon rasch eine weite Verbreitung, geriet dann aber wieder in Vergessenheit. Erst in den 40er Jahren des 20. Jahrhunderts wurde sie vor allem von Konrad Lorenz neu formuliert und zu einer umfassenden Theorie ausgebaut, der „Evolutionären Erkenntnistheorie", wie sie D. Campbell nannte.

Menschliches Erkennen, so der Grundgedanke, steht in einem Kontinuum mit Prozessen der Erkenntnisgewinnung, welche bereits bei dem primitivsten Einzeller beginnen. Jedes Lebewesen setzt sich insofern mit seiner Umwelt auseinander, als seine Form oder Gestalt eine Anpassung an diese zeigt – dies ist ja die Folge der natürlichen Auslese. Damit sind aber in der Gestalt durch ein Versuch-und-Irrtum-Geschehen bereits Informationen über die Außenwelt eingegangen. Man könnte sagen, daß das variierende Genom in der langen Kette der Generationen Hypothesen über die Umwelt (z. B. in Form der Gestalt des Organismus) aufstellt und daß die Selektion diese einem praktischen Bewährungstest an der Wirklichkeit unterwirft. Eine falsche Hypothese führt zum Verschwinden des Organismus, eine richtige zu seiner Vermehrung. Lorenz bezeichnet daher die Evolution insgesamt als Erkenntnisprozeß, wenn auch in ihrem größten Teil als einen unbewußten. Die Evolution des Vogelfluges ließe sich dann wie folgt beschreiben: Die Gestalt des Flügels folgt im Prozeß einer evolutiven Erkenntnis den Gesetzen der Aerodynamik; Generationen von Vögeln stellen über diese Gesetze Hypothesen auf, und die natürliche Selektion entscheidet, welche am ehesten den tatsächlichen Gegebenheiten entsprechen. Nun leben die Organismen nicht in einer konstanten Umwelt, so daß es ebenfalls erforderlich ist, Informationen über die sich kurzzeitig ändernden Umweltbedingungen zu erhalten (ohne diese in der Gestalt unveränderlich zu speichern). Dies geschieht etwa bei der phobischen Reaktion der Einzeller: Bewegen sich Pantoffeltierchen in ein für sie ungünstiges Milieu, so schwimmen sie zunächst zurück, wenden ihren Körper und bewegen sich in eine andere Richtung. In weiteren evolutiven Stufen soll sich nun dieses erkennende Auseinandersetzen mit der jeweiligen Umwelt weiterentwickelt haben. Prozesse wie die Sensitivierung für bestimmte Reize erscheinen dann als eine Art von Gedächtnisleistung, welche ein dauerhaftes Speichern der Information und zugleich ein flexibles Reagieren auf die sich verändernde Umwelt erlaubt. Auf höherer Ebene entsprechen diesen Sensitivierungen angeborene Verhaltensanweisungen, die sich evolutiv bewährt haben. Immer aufwendigere Geschehen der Informationsverarbeitung (wie Abstraktionsleistungen oder Rückkopplungsgeschehen) hätten sich dann entwickelt, bis sie schließlich im menschlichen

Geist ihren (vorläufigen) Höhepunkt an Komplexität fanden. Dieser vermöge aufgrund seiner höchst komplexen Struktur die vielfältigen Fähigkeiten zu integrieren und entwickle qualitativ neue, vorher unbekannte Systemeigenschaften, wie etwa das Sprachvermögen und vor allem das Selbstbewußtsein. Doch trotz dieser radikal neuen Stufe – Lorenz spricht geradezu von einer „Fulguration" (also gleichsam einem Blitzschlag), welche stattgefunden habe – basiere der menschliche Geist auf denselben Funktionen, welche sich schon in der Tierwelt fänden.

Die Evolutionäre Erkenntnistheorie ist so der faszinierende (und in vielem überzeugende) Versuch, Gemeinsames in menschlichem Erkennen und den informationsverarbeitenden Leistungen anderer Organismen zu finden. Schauen wir kurz auf die drei wichtigen und weitreichenden Thesen, welche in der Regel mit diesem Vorhaben verbunden sind.

Erstens betont die Evolutionäre Erkenntnistheorie, daß es auch beim Menschen vorbewußte Erkenntnisprozesse gibt, die evolutiv bewährte Regulative darstellen. Diese werden „ratiomorph" genannt (ein Begriff, den der Psychologe E. Brunswik prägte), da sie in ihrer Funktion einem, wenn auch unbewußten Vernunftschluß ähneln. Der ratiomorphe Erkenntnisapparat bestimmt vollständig das Verhalten der Tiere, ist aber auch für den Menschen von elementarer Bedeutung. So ist unser ratiomorpher Apparat in der Lage, komplizierteste Operationen „selbständig" durchzuführen (man denke zum Beispiel an die räumliche Orientierung beim Gehen), er gibt uns angeborene Erkenntnisschemata vor und vielleicht auch Überzeugungen, die uns gleichsam intuitiv gegeben zu sein scheinen. In weiten Bereichen zeigte sich hier eine bestätigende Übereinstimmung mit den Ergebnissen ganz anderer Forschungszweige, wie den Einsichten N. Chomskys und E. Lennebergs über biologische Grundlagen der Sprache oder Piagets Untersuchungen der Individualentwicklung des menschlichen Erkenntnisvermögens. Zweifellos ist der ratiomorphe Apparat ein Bereich, in dem noch viel von der Evolutionären Erkenntnistheorie (in Verbindung mit der Neurophysiologie) zu lernen sein wird; schon jetzt hat sie Anlaß zur Revision unserer klassischen Vorstellungen des Verhältnisses von Vernunft und Bewußtsein gegeben.

Zweitens behauptet die Evolutionäre Erkenntnistheorie, daß unsere kognitiven Strukturen, welche sich in der Evolution entwickelt haben, einen Wahrheitsanspruch erheben können. Weil wir am Ende eines erfolgreichen Selektionsprozesses stehen, dürften wir davon ausgehen, daß unsere Erkenntnis bzw. Sinneswahrnehmung die Wirklichkeit adäquat wiedergebe – daß wir der ‚Spiegel' der Natur seien, wie Lorenz es metaphorisch in dem Titel seines Werkes ausdrückt. Auch Karl Popper nimmt an, daß die tierische und vorwissenschaftliche Erkenntnis durch das Aussterben derjenigen Lebewesen zunehme, welche verfehlte Hypothesen aufgestellt hätten – die also durch ihr Aussterben gewissermaßen falsifiziert worden seien. Aus dem Überleben der Menschen schließt er dann auf die Richtigkeit der von seinem ratiomorphen Apparat aufgestellten Hypothesen. Dieses Programm wird von Vertretern der Evolutionären Erkenntnistheorie teilweise sehr weitgehend verfolgt: So beansprucht Lorenz zeigen zu können, daß die von Kant eingeführten Kategorien, welche dieser als unverzichtbare Voraussetzungen jedes sinnvollen Denkens sieht (z.B. den Begriff der Kausalität), letztlich keineswegs der Vernunft notwendig vorgegeben, sondern das Produkt einer langen evolutionären Entwicklung unseres Denkapparates seien. Die Gültigkeit dieser Kategorien soll aber damit nicht in Frage gestellt, sondern nun erstmals begründet werden können. G. Vollmer argumentiert in diesem Sinne, daß wir annehmen dürften, unser eingeborener Glauben an die Kausalität spiegle eine auch in Wirklichkeit kausal geordnete Welt, da sich dieser Glaube sonst in der Evolution nicht herausgebildet hätte.

Aber gegen diesen Anspruch ist Verschiedenes einzuwenden. Erstens ist nicht garantiert, daß adaptative Notwendigkeiten etwas mit der Entdeckung der Wirklichkeit (und entsprechend der Wahrheit) zu tun haben müssen; Wahrheit und Anpassung sind logisch getrennt. Es kann durchaus sein, daß wir die Wirklichkeit selektiv und systematisch verzerren und dies dennoch für die Reproduktion förderlich ist (so weiß man, daß unsere Augen das Bild der Umwelt beträchtlich verändern und selektiv filtern). Zweitens läßt sich diese These gar nicht sinnvoll überprüfen, wenn wir nicht einen Maßstab besitzen, der es uns erlaubt, unabhängig von unserem Anpassungserfolg zu ermitteln, ob unser Denken wirklich die Welt widerspiegelt. Die Evolutionäre Erkenntnistheorie braucht von ihr unabhängige Kriterien, welche erlauben, ihr selbst eine (wenn auch nur hypothetische) Wahrheit zuzuschreiben – und ohne einen solchen Wahrheitsanspruch wäre sie keine ernstzunehmende Theorie. Wenn aber alle Kategorien des Denkens ihrerseits als Produkt der Evolution erscheinen, also als Anpassungsresultate, ist dies nicht möglich, ohne in einen Begründungszirkel zu gelangen. Will die Evolutionstheorie z. B. das Entstehen der Kausalitätsvorstellung beim Menschen erklären und so deren Geltung begründen, so tut sie das kausalwissenschaftlich. Damit setzt sie aber bereits zirkulär die Gültigkeit genau dieser Kategorie „Kausalität" voraus, deren Gültigkeit, d. h. Entsprechung mit der Struktur der Wirklichkeit, sie aber doch eigentlich erst zeigen wollte. Es ist wichtig hinzuzufügen, daß diese erkenntnistheoretischen Grenzen der Evolutionstheorie nicht nur den Bereich der Gültigkeit mancher Urteile betreffen (weiter oben hatten wir ja schon ihr Ungenügen im Bereich der Werturteile gezeigt), sondern eine grundsätzliche Begrenztheit des der Naturwissenschaft zugrundeliegenden Rationalitätsmodells aufdecken. Die kausalwissenschaftliche Vernunft und ihre Methodik kann sich trotz ihrer großen Erklärungsleistungen im wissenschaftlichen Bereich nicht absolut setzen. Sie ist stets auf die Geltung sie übersteigender Prinzipien angewiesen. So ist auch die naturgesetzliche Geordnetheit der Welt, welche die Wissenschaft als Prämisse voraussetzen muß, weder durch Erfahrung noch durch formale Logik zu begründen; diese können nicht ausschließen, daß die Natur doch Sprünge macht und der Kausalnexus der Welt vielleicht im nächsten Moment durch ein Wunder durchbrochen werden wird. Die Aussage, daß es universal gültige Naturgesetze gibt, ist daher ein erfahrungsunabhängiges Urteil (ein synthetisches Urteil a priori, wie die Philosophie mit Kant sagt) und geht allem sinnvollen Vernunftgebrauch der Wissenschaften voraus. Die Naturwissenschaft kann so trotz ihres Universalitätsanspruches ihre eigenen Prinzipien begründungstheoretisch nicht einholen; dafür muß sie, ebenso wie für eine Begründung moralischer Werturteile, durch einen weiteren Vernunftbegriff ergänzt werden.

Eine dritte wichtige These der Evolutionären Erkenntnistheorie betrifft die Psyche des Menschen. Sie beansprucht, für Darwins Überzeugung „Bewußtsein ist eine Körperfunktion" (N 5) eine physiologische bzw. systemtheoretische Basis zu liefern. Diese dritte These läßt sich in zwei aufspalten: Einerseits wird behauptet, daß auch das Auftreten dessen, was wir Geist nennen, in dem allgemeinen evolutiven Naturprozeß steht. Andererseits, und das ist die kontroversere These, sei der Geist auch durch die gegenwärtige Naturwissenschaft erklärbar. Dabei wird dem Geist von einigen Vertretern der Evolutionären Erkenntnistheorie durchaus eine große Eigenständigkeit zugeschrieben: Mit dem reflexiven Bewußtsein habe sich beim Menschen eine völlig neue Systemeigenschaft entfaltet, schreibt etwa K. Lorenz. Aber auch wenn diese Kategorie eine große Eigendynamik entwickelt habe, bleibe sie doch ein System, welches „gegründet und aufgebaut auf den einfacheren Leistungen des Lebendigen" sei (1973, S. 223).

Vieles , was man zunächst als rein psychisches Phänomen ansah, läßt sich wohl in der Tat physisch erklären, wie etwa der Selbsterhaltungstrieb. Auch ist es weder ausgeschlossen, daß es Vorformen unseres Selbstbewußtseins auch schon bei Tieren, wenigstens bei höheren Primaten gibt, noch daß die neurophysiologische Basis dafür dereinst erkannt werden wird. Aber dennoch ist gegen die dritte These der Evolutionären Erkenntnistheorie verschiedenes einzuwenden. Zunächst ist offensichtlich, daß sie in ihrer jetzigen Form nur ein Programm darstellt, welches seiner Durchführung noch harrt. Es liegt keine überzeugende Erklärung des Übergangs von unbewußtem zu bewußtem Erleben noch für die dafür notwendige neuronale Struktur vor. Dazu kommen grundsätzliche theoretische Probleme. Wenn die Evolutionäre Erkenntnistheorie den Geist des Menschen epiphänomenalistisch deutet, also als ein bloßes Produkt des Systems Gehirn, so steht sie vor folgender Schwierigkeit: Die Entwicklung des Geistes kann dann nicht mehr darwinistisch erklärt werden. Der Epiphänomenalismus ist ja eine Zurückweisung interaktionistischer Thesen, nach denen Geist und Körper in wechselnden Kausalbeziehungen stehen, nach denen also auch Psychisches Physisches verursachen kann (etwa, wenn unser Denken unser Verhalten steuert). Ist eine solche Einwirkung aber grundsätzlich nicht möglich, sondern nur eine systematische Selbsttäuschung, so ist gänzlich unklar, wieso die natürliche Auslese die Entwicklung des Geistes begünstigt haben soll: Die Selektion findet auf der Ebene physischen Überlebens statt, für welche nach diesem Epiphänomenalismus der Geist (bzw. die Innenseite) aber irrelevant sein soll. Zwar ist es mit einer solchen nicht-interaktionistischen Position zugestandenerweise auch weiterhin vereinbar, daß der Geist ein Produkt der Evolution wäre, aber dies müßte dann die Folge *anderer* gesetzmäßiger Beziehungen statt der natürlichen Auslese sein. Wird argumentiert, daß die Sphäre des bewußten Denkens nur ein Überschußphänomen neuronaler Geschehen ist, so bleibt es unerklärlich, daß es innerhalb dieser Sphäre des Mentalen eigene Gesetzmäßigkeiten der Verknüpfung gibt. Gedanken können einander in einer *sachlogischen* Ordnung folgen, was nicht zu erwarten wäre, wenn diese psychischen Bewußtseinsmomente lediglich Nebenprodukte der ‚eigentlichen' Gehirnnervenaktivität darstellten; würde man dann doch erwarten, daß sie lediglich neuronale Verknüpfungsgesetze spiegeln. Diese Erklärung wird daher der Logik des Psychischen nicht gerecht.

Die Erklärung des Darwinismus reichte also gerade an diesem zentralen Punkt unseres Menschseins nicht aus. Karl Popper hat wegen dieser Schwierigkeiten epiphänomenalistischer Lösungen des Leib-Seele-Problems für eine Form des Interaktionismus plädiert, welche aber andere, nicht minder schwere Probleme aufwirft. Jede physische Veränderung ist ein energetisches Geschehen, weswegen es nicht erklärlich ist, wie Geistiges, welches selbst keine physische Größe ist (so wird es ja im Interaktionismus definiert), unter Bewahrung des Energie- und des Impulserhaltungssatzes in ein physisches Geschehen lenkend oder steuernd eingreifen können soll.

Dies berührt ein grundsätzliches Problem, welches nicht nur die dritte These, sondern das Leib-Seele-Problem überhaupt betrifft, nämlich die Frage, wie dieses „Ich-Bewußtsein" eigentlich wissenschaftlich erfaßt werden kann. Die Introspektion, zu deren Wesen es gehört, jeweils nur vom eigenen Ich erfahrbar zu sein, ist eine kategorial andere Perspektive als die Außenperspektive einer erklärenden Wissenschaft. Zwar mag die Innenseite anderer Wesen aus ihren Äußerungen ermittelbar sein, aber das Spezifische der Innenseite bleibt bei solchen Rekonstruktionen grundsätzlich verschlossen. Dieses Problem scheint wissenschaftlich unlösbar: Da die Introspektion im Rahmen der naturwissenschaftlichen Betrachtung als Phänomen gar nicht adäquat beschreibbar ist, kann das Bewußtsein auch prinzipiell schlecht erklärt werden. Selbst wenn der Evolutionsbiologe die biologischen Strukturen genau benennen könnte, welche zu Bewußtsein führen, wäre er nicht in der Lage, dieses selber zu erkennen, weil sich das Phänomen einer eindeutigen Identifikation von außen entzieht. Es ist daher nicht klar, wie eine ein Wesen mit Innenseite befriedigende Erklärung dieser Innenseite durch die Evolutionsbiologie aussehen könnte. Von einer gelungenen naturwissenschaftlichen Rekonstruktion des Geistes kann deswegen noch nicht im mindesten die Rede sein – auch wenn die Evolutionäre Erkenntnistheorie einen entscheidenden Baustein für jeden Versuch darstellt, zwischen Natur und Geist eine Brücke zu schlagen. Im übrigen könnte es sehr wohl sein, daß die transzendentale, also auf die Voraussetzung von Geltungsansprüchen reflektierende Denkform zu dem Ergebnis kommt, daß die Existenz von Wesen mit Selbstbewußtsein notwendiges Ziel der Evolution ist – eine Aussage, die zwar nicht aus dem Darwinismus folgt, aber mit einem deterministischen Darwinismus auch nicht unvereinbar ist.

5.5. Ausblick und Rückblick

Nur wenige, wenn auch wichtige Bereiche konnten in diesem Kapitel angesprochen werden, in denen die von Darwin zunächst zur Erklärung der Entstehung von Tier- und Pflanzenarten entwickelte Theorie ihre weitreichende Bedeutung zeigte. Ihre Offenheit für andere Zweige der Biologie machte sie schnell zu der Grundlagentheorie aller Forschungszweige dieser Wissenschaft, aber bald schon überschritt sie die Grenzen der Biologie zu den verschiedensten anderen Disziplinen. Zum einen erlaubte sie durch den Aufweis biologischer Wurzeln und Bedingtheiten mannigfacher Phänomenbereiche Brückenschläge zwischen der klassischen Naturwissenschaft und den Sozial- und Kulturwissenschaften sowie der Philosophie (man denke an die Ästhetik oder die Erkenntnistheorie). Zum anderen aber sind Darwins Einsichten – unabhängig von allen biologischen Wurzeln – auf viele Wirklichkeitsbereiche übertragbar: *Wo immer* sich reproduzierende Entitäten und knappe Ressourcen, auf welche jene angewiesen sind, anzutreffen sind, finden die von ihm entdeckten Mechanismen Anwendung. Man bedenke, daß bereits Malthus *ökonomische* Einsichten Adam Smiths hinsichtlich Wettbewerb und Marktgeschehen auf *biologische* Geschehen übertragen hatte. Ein weiteres Beispiel ist die Ähnlichkeit des Evolutionsgeschehens mit der Sprachentwicklung, auf die Darwin ja schon verwies. Das Erklärungsmodell läßt sich aber auch auf die Bildung wissenschaftlicher Theorien oder die Kultur als ganze übertragen (wozu auch die gerade genannten moralischen Verhaltensstrategien zählen). So führte R. Dawkins in Analogie zu dem „Gen“ den Begriff des „Mems“ als der Grundeinheit kultureller

Phänomene ein. Auch in der Kultur gibt es, wie schon gesagt, sich reproduzierende Gebilde (z. B. Gedanken, Ideen, Motive), welche um knappe Ressourcen (die Zeit der Individuen, die Druckmedien, mit denen sie vervielfältigt werden können, etc.) konkurrieren – und bei denen es eine Art von Auslese gibt. Nur die Meme bleiben in einer Kultur langfristig lebendig, denen es gelingt, in diesem „Kampf ums Dasein" durch irgendwelche Eigenschaften (z. B. Originalität, innere Stimmigkeit, Eingängigkeit) zu bestehen. Die Vererbungsmechanismen der Meme sind sicher andere als die der Gene; es gibt hier durchaus eine Vererbung erworbener Eigenschaften (weswegen der Evolutionsprozeß der Kultur sehr viel schneller verläuft), und nicht verwandte Entwicklungslinien können zusammengeführt werden (man denke z. B. an die Rezeption europäischer Musik in den asiatischen Ländern). Aber die Anwendbarkeit des Mechanismus der natürlichen Auslese ist von den jeweiligen Vererbungstheorien unabhängig. Freilich sind der darwinistischen Erklärungsmöglichkeit kultureller Entwicklungen Grenzen gesetzt; es ist einerseits sehr schwierig, Meme überhaupt eindeutig zu identifizieren, und vor allem sind kulturelle Phänomene auf bewußte Einsichten ihrer Träger angewiesen und daher auch von den Eigentümlichkeiten eines Wesens mit Innenseite mitbestimmt. Doch schließt, das muß betont werden, die Besonderheit der kulturellen Evolution eine nicht-biologistische, aber darwinistische Erklärung nicht aus (zumal wenn man den Variationsbegriff so weit faßt, daß er u. a. auch gewollte Veränderungen einschließt). Gerade die Kultur zeigt damit deutlich die große, biologische Phänomene übersteigende Kraft von Darwins Theorie. Ihm war es gelungen, einen elementaren Mechanismus aufzudecken, welcher für alle Teile der Welt relevant sein kann, in denen die genannten Bedingungen erfüllt sind. Da es aber nur wenige Wirklichkeitsbereiche gibt, in denen sie keine Rolle spielen, wird man mit Fug und Recht sagen können, daß Darwin mit der natürlichen Auslese ein Grundprinzip der Entwicklung der Wirklichkeit entdeckt hat.

Die großartigen Leistungen der Evolutionstheorie dürfen aber nicht darüber hinwegtäuschen, daß sie zwar eine erklärende Grundtheorie ist, aber die Geltungsebene nicht berührt. Weder kann auf ihrer Basis eine Erkenntnis der moralischen Werte gelingen, noch kann sie die Geltung erkenntnistheoretischer Kategorien zeigen oder den Bereich des Schönen begründen. Es war nicht zuletzt Darwins bescheidene Persönlichkeit, die ihn seine eigenen Einsichten nicht absolut setzten ließ, es war sein ehrfürchtiges Staunen vor der Natur mit ihrer Fülle an Schönheit und seine tief verwurzelte Moralität, die ihn vor solchen falschen Schlüssen bewahrten. Es kann daher auch nicht überraschen, daß Darwin für den Großteil seines Lebens daran festhielt, daß seine Evolutionstheorie durchaus auch mit einem theistischen Weltbild vereinbar ist – wie er ja unter anderem auch aus theologischen Gründen zu seiner Theorie gekommen war.

Wenn die Evolutionstheorie mit Darwin illegitime Schlüsse und falsche Naturalisierungen der klassischen Transzendentalien des Guten, Wahren und Schönen vermeidet, kann sie uns aber sehr wohl darauf verweisen, daß und wie sich die Transzendentalien in der Evolution des Lebendigen entfalten können (wie es Darwin bei der sexuellen Selektion hinsichtlich des Schönen schon versuchte). Es würde die moderne Wissenschaft bereichern und vor vielen falschen Ansprüchen bewahren, wenn sie bei ihrem Weiterschreiten zugleich den Weg zurück zu Darwins oftmals viel tieferen Einsichten fände.

Literaturhinweise zum Weiterlesen

A) Empfohlene Bücher zu Charles Darwin

Um sich über Darwins Leben zu informieren, empfiehlt sich die Lektüre seiner autobiographischen Aufzeichnungen. Ausgezeichnet und sehr ausführlich ist die jüngst herausgekommene Biographie von Janet Browne, von der allerdings der zweite Band noch nicht erschienen ist (*Charles Darwin. Voyaging*, Princeton 1995). Sehr gut ist auch die umfassende Biographie von Adrian Desmond und James Moore (*Darwin*, New York 1991; dt: *Darwin*, München 1992). Sehr gelungene kleine Einführungen in sein Leben und Werk sind die von Jonathan Howard (*Charles Darwin*, Oxford 1982, dt.: *Darwin. Eine Einführung*, Stuttgart 1996) und von Franz Wuketits (*Charles Darwin. Der stille Revolutionär*, München 1987). Zur Entwicklung von Darwins Denken ist zu empfehlen: Dov Ospovat, *The development of Darwin's theory*, Cambridge 1981. Eine sehr gute Studie seiner Kreativität ist: Howard E. Gruber, *Darwin on man: a psychological study of scientific creativity*, London 1974.

Als nützliche Einführung in die Geschichte der Evolutionsbiologie allgemein ist zu empfehlen: Wolfgang Lefèvre: *Die Entstehung der biologischen Evolutionstheorien*, Frankfurt a.M. 1984. Eine sehr gute Übersicht über die Geschichte von Darwins Entdeckung und ihre Folgen geben: Günter Altner (Hg.): *Der Darwinismus. Geschichte einer Theorie*, Darmstadt 1981 (hier finden sich viele interessante Orginaltexte aus der Zeit seit Darwin) sowie David R.

Oldroyd: *Darwinian Impacts. An Introduction to the Darwinian Revolution*, Milton Keynes 1980. Eine ausgezeichnete Darstellung der Weiterentwicklung des Darwinismus in der Synthetischen Theorie ist: Marcel Weber, *Die Architektur der Synthese*, Berlin/New York 1998.

Wichtige Sammelbände zu einzelnen Aspekten von Darwins Werk, die immer wieder benutzt wurden, sind:

Zu *Descent of man*: Bernard Campbell (Hg.): *Sexual selection and the descent of man 1871–1971*, Chicago 1972 (u.a. mit einem grundlegenden Aufsatz von Ernst Mayr), und zu *Expression of emotions*: Paul Ekman (Hg.): *Darwin and facial expression*, New York/London 1973.

Sehr aufschlußreich zu den theologischen Hintergründen von Darwins Denken ist ferner: Neal Gillespie: *Charles Darwin and the problem of creation*, Chicago/London 1974.

Lesenswert zu den gegenwärtigen Ergebnissen der Evolutionsbiologie sind auch die zahlreichen Bücher von Richard Dawkins, Stephen J. Gould, Michael Ghiselin und Michael Ruse.

B) Weitere im Text angeführte Bücher und Aufsätze, sofern sie nicht schon bei den Buchempfehlungen genannt wurden

Francis Darwin: *The Life and Letters of Charles Darwin.* 3 Bde., London 1887.

Vittorio Hösle: *Moral und Politik*, München 1997.

Vittorio Hösle: Die *Philosophie und die Wissenschaften*, München 1999.

Ernst Krause: *Erasmus Darwin*, London 1879.

Konrad Lorenz: *Die Rückseite des Spiegels*, München 1973.

John Donald McPhail: „Predation and the evolution of a stickleback (Gasterosteus), in: *Journal of the Fisheries Research Board of Canada* 26 (1969), 3183–3208.

Thomas Robert Malthus: *An essay on the principle of population*, Harmondsworth 1970.

J. Maynard Smith: *Evolution and the theory of games*, Cambridge 1982.

Ernst Mayr: *Das ist Biologie: die Wissenschaft des Lebens*, Heidelberg/Berlin 1998.

George Edward Moore: *Principia Ethica*, Cambridge 1903.

Karl Popper: *Objective Knowledge*, London/Oxford 1979 (dt.: *Objektive Erkenntnis. Ein evolutionärer Entwurf*, Hamburg 1982).

Gwen Raverat: *Period piece. A Cambridge childhood*, London 1987.

Nikolaas Tinbergen, *Instinktenlehre*, Berlin 1972.

Heinrich v. Treitschke: *Politik*, Leipzig 1911.

Gerhard Vollmer: *Evolutionäre Erkenntnistheorie*, Stuttgart 1975.

Alfred R. Wallace: *My life. A record of events and opinions*, New York 1974.

Alfred R. Wallace: *Natural selection and tropical nature: Essays on descriptive and theoretical biology*, New edn., London & New York, 1891.

August Weismann: *Charles Darwin und sein Lebenswerk. Festrede*, Jena 1909.

Edward O. Wilson: *Sociobiology: The new synthesis*, Cambridge (Mass.) 1975.

Index